DON BOSCO /
CLAUDIUS

Neuen Atem holen

Gebete und Gedanken zum Beginn des Schultags

Herausgegeben
von der Gymnasialpädagogischen Materialstelle
der Evang.-Luth. Kirche und
dem katholischen Religionspädagogischen Zentrum in Bayern

Don Bosco Verlag, München   Claudius Verlag, München

Dieses Gebetbuch für den Gebrauch an Gymnasien, Realschulen und anderen weiterführenden Schulen wurde erstellt von einem ökumenischen Arbeitskreis der Evang.-Luth. Kirche und der Katholischen Bistümer in Bayern.
Dem Arbeitskreis gehörten an: Wilhelm Albrecht, Helmut Anselm, Magdalena Frank, Gerhard Hofmann, Josef Kleiner, Franz Morath und Johannes Schneider. Texte ohne Angaben im Quellenverzeichnis S.190 stammen von Mitgliedern des Arbeitskreises.

Gemeinschaftsausgabe des Don Bosco Verlages
mit dem Claudius Verlag, München
1. Auflage 1992
© by Don Bosco Verlag, München
Umschlaggestaltung: Felix Weinold, Schwabmünchen
Fotos: S. 7: Hans-Rainer Fechter, Nürnberg; S. 11: Frank Rumpenhorst/AP; S. 29: Manfred Vollmer, Essen; S. 63: Klaus Honigschnabel, Gröbenzell; S. 89: Christa Petri, Regensburg; S. 111 und 173: Fernand Rausser, (CH) Bolligen; S. 123: Presse-Bild Holder; S. 135: Lachmann, Monheim; S. 151: Karl Zimmermann, Pulheim b. Köln; S. 183: Lisbeth Tresch-Philipp, (CH) Altdorf
Satz: Salesianer-Druckerei, Ensdorf/Opf.
Druck und Bindearbeiten: Buchdruckerei Gebr. Bremberger, München
ISBN 3-7698-0686-7 (Don Bosco)
ISBN 3-532-62123-1 (Claudius)

Einladung zum Atem holen

Atem holen ist wie Anlauf nehmen. Der Lufthauch strömt in uns hinein. Wir holen uns, was wir zum Leben brauchen. Die nächsten Augenblicke gehen leichter. Und einen kleinen Moment lang sind wir mehr bei uns. Atmen ist gar nicht sensationell. Es ist das allereinfachste. Aber es hält uns am Leben. Wir wissen es: Wem die Luft auszugehen droht, – der ist arm dran. Er ist froh um den nächsten Atemzug. Er spürt ihn wie ein Geschenk.

Dieses Buch heißt „Neuen Atem holen". Die Gebete sind darin wie ein neuer, ein eigener Anlauf für den Schulalltag. Ein Moment, der anders ist als Unterricht. Ein Moment, in dem keiner etwas von uns will, sondern in dem wir Kraft holen dürfen, jeder für sich, die Klasse, die Lehrerin oder der Lehrer. Ein paar Worte werden gesprochen. Wir selber kommen darin vor und das, was uns bewegt, was uns Freude oder Sorgen macht. Nichts anderes. Eine kurze Zeit vor dem Angesicht Gottes. Wir holen neuen Atem, und Gott kommt auf uns zu.

Neben Gebeten kommen auch Gedanken zum Tag und kleine Geschichten in dem Buch vor. Sie sind wie Fingerzeige in eine Richtung, in der es etwas zu entdecken gibt. Auch solche Dinge braucht ein Mensch zum Leben. Wie den Atem.

*

Läßt sich Atmen befehlen? Natürlich nicht. Auch Beten oder Sich-Besinnen verträgt keinen Zwang. Das müßte selbstverständlich sein. Es ist, gerade in der Schule, Sache der freien Zustimmung, Sache der Entscheidung aller, die daran beteiligt sind. Dabei wird man Schülerinnen und Schüler, die Beten oder Sich-Besinnen ablehnen, um faires Entgegenkommen und um Toleranz bitten.

Mitunter kann man hören: Beten oder Sich-Besinnen ja – aber nicht zu einer festgelegten Zeit. So werde nur ein starres Ritual daraus. Gewohnheit erstickt das Gebet, sagen manche. Das kann hin und wieder stimmen. Aber ist nicht eine feste Zeit am Tag eine Hilfe für das Atemholen des Herzens? Für den Rhythmus, den unser Leben braucht, damit es nicht erstickt?

Jeder hat seinen eigenen Atem-Rhythmus, und so gibt es auch Beten und Sich-Besinnen in vielerlei Formen. Deshalb soll das Buch eigene Versuche nicht behindern. Seine Vorschläge kann man ausprobieren und verändern. Manche passen vielleicht erst, wenn man diese Form des Atmens längere Zeit geübt hat. Dann kann Beten auch zum persönlichen Bedürfnis werden, zum festen Bestand des eigenen Lebens. Wenn das Beten so von einzelnen Atemstößen zum fließenden Atem übergeht, dann hat dieses Buch seinen Sinn erfüllt.

Wir wünschen allen, die von dem Buch Gebrauch machen, daß sie dabei Freude haben. Denn es bleibt dabei: eine winzige Pause zum Atemholen – und schon sind wir lebendiger.

Laß uns wagen zu beten

Viele Menschen machen mit dem Beten gute Erfahrungen. Bei uns ist es nicht immer so; manchmal fällt es uns schwer zu beten. Wir wollen zuerst wissen, ob wir vom Gebet etwas erwarten können, ob wir tatsächlich gehört werden.

Herr,

laß uns wagen zu beten,
auch wenn unser Gebet nur ein
ungeformter Hilferuf ist,
wenn wir dich nur bruchstückhaft erkennen,
wenn unsere Schuld uns den Mut nimmt,
dich anzuschauen.

Komm zu uns im Gebet,
daß wir erfüllt werden
mit der Erkenntnis von dir und deinem Willen,
mit der Liebe, die sich
um unsere Mitmenschen kümmert,
mit deiner Gegenwart, die uns tröstet.

Amen.

Das Vaterunser

Vater unser im Himmel,
geheiligt werden dein Name.
Dein Reich komme.
Dein Wille geschehe,
wie im Himmel so auf Erden.
Unser tägliches Brot gib uns heute.
Und vergib uns unsere Schuld,
wie auch wir vergeben unsern Schuldigern.
Und führe uns nicht in Versuchung,
sondern erlöse uns von dem Bösen.

Denn dein ist das Reich
und die Kraft
und die Herrlichkeit
in Ewigkeit.

Amen.

Die Wochentage entlang

MONTAG

Danke für unsere Begabungen

Wir denken daran, daß jeder von uns Begabungen von Gott erhalten hat.

Gütiger Gott,

mit Deiner Hilfe beginnen wir
die Arbeit einer neuen Woche.
Wir danken Dir für alle Gaben
und für die Möglichkeit,
sie in unserem Leben einzusetzen.
Gib uns Mut und Kraft für unser Tun.

Amen.

DIENSTAG

Um Gottes Segen bitten

Herr, unser Gott,

wir bitten dich um deinen Segen für diesen Tag.
Gib, daß wir unsre Arbeit *gerne* anfangen,
und laß sie gut gelingen.
Wir sind unruhig und gespannt,
was der Tag uns bringen wird.
Laß uns still werden
und gib uns Kraft,
daß wir mit unseren Sorgen zurechtkommen
und unsere Aufgaben bewältigen.

Amen.

MITTWOCH

Was wir heute brauchen

Herr Gott,

ich bitte dich an diesem Morgen:
Hilf mir bei meiner Arbeit.
Gib mir Kraft zum Verstehen,
Geduld zum Lernen
und Fröhlichkeit bei allem Tun.
Herr, ich vertraue dir.

Amen.

DONNERSTAG

Für alle, die große Sorgen haben

Herr, unser Gott,

du bist der Vater aller Menschen.
Wir bitten dich um Rat und Hilfe.
Wir bitten dich besonders für jene,
die traurig sind und sich einsam fühlen.
Laß uns aufmerksam werden auf Menschen,
denen wir helfen können.
Gib, daß wir uns ihren Sorgen nicht verschließen.

Amen.

FREITAG

Am Ende einer Schulwoche

Herr,

wieder geht eine Woche
mit manchem Schönen und manchen Sorgen vorbei.

Jeden Tag haben wir gearbeitet,
mußten uns konzentrieren und anstrengen.

Heute mittag atmen wir auf und sind froh:
das Wochenende liegt vor uns.

Gib uns heute vormittag noch Kraft zum Lernen.

Wir danken dir für alles Gute in dieser Woche
und dafür, daß du uns den Sonntag schenkst.

Amen.

Lasset uns gemeinsam

MONTAG

Auf Gottes Hilfe bauen

Herr,

wir stehen am Anfang einer neuen Schulwoche.
Was wird sie uns bringen?
Wird uns gelingen, was wir uns vornehmen?
Wird es uns beim Abfragen und bei Schulaufgaben gut gehen?

Wir sind sicher, daß diese Woche nicht immer leicht wird,
für uns nicht und auch nicht für unsere Lehrer.
Aber wir alle vertrauen darauf,
daß wir die Woche
mit deiner Hilfe
gut bestehen.

Amen.

DIENSTAG

Unsere Zeit nutzen

Herr,

wir danken dir für die Zeit,
die uns gegeben ist.

Wir bitten dich:
Hilf uns, unsere Zeit sinnvoll zu nutzen.
Hilf uns, das richtige Verhältnis
von Schule und Freizeit zu finden,
damit wir genügend Zeit haben
für uns selbst
und für andere Menschen.

Herr, wir danken dir für die Zeit.

Amen.

MITTWOCH

Schulgemeinschaft

Vater im Himmel,

wir danken dir für alles,
was an unserer Schule schön und gut ist,
für die Freundinnen und Freunde in der Klasse,
für die Lehrer und für die Angestellten,
die in der Schule für uns sorgen.

Hilf uns, noch besser aufeinander einzugehen.
Gib uns die Kraft, Konflikte zu lösen.
Schenke uns Mut, nach deinem Willen zu handeln.

Amen.

DONNERSTAG

Für unsere Eltern

Lieber Vater im Himmel,

vieles in der Welt macht mir Angst.
Manchmal habe ich auch Angst um meine Eltern:
sie könnten krank werden,
es könnte ihnen etwas zustoßen,
ich könnte sie verlieren.

Du weißt, daß ich meine Eltern lieb habe
und daß ich sie brauche.

Darum bitte ich dich:
Beschütze meine Familie.
Halte deine Hand über uns,
daß wir uns vertragen.
Laß uns zusammen fröhlich sein.

Amen.

FREITAG

Für Menschen im Leid

Herr Jesus Christus,

am Freitag denken wir besonders
an deinen Kreuzestod.

Wir danken dir,
daß du dein Leben für uns hingegeben hast.
Wir denken auch an alle,
die heute leiden,
die geängstigt sind,
die unterdrückt werden,
die rechtlos sind.

Wir denken an die Kranken und Einsamen,
die Trauernden und an alle, die heute sterben.

Schenke ihnen das Heil und den Frieden
durch dein Kreuz und deine Auferstehung.

Amen.

MONTAG

Bleibe bei uns, Herr

Herr,

es fällt uns nicht leicht,
heute wieder anzufangen.
Es war schön,
das Wochenende über frei zu haben.
Dafür danken wir.

Jetzt aber beginnt wieder
der Schul-Alltag.
Wir bitten dich, Herr,
für unser gemeinsames Leben und Arbeiten:
Gib uns Kraft und Ruhe.
Hilf uns zu unterscheiden
zwischen dem, was wichtig,
und dem, was unwichtig ist.

Im Vertrauen auf dich
wollen wir die Woche beginnen.
Bleibe bei uns, Herr.

Amen.

DIENSTAG

Aus Dankbarkeit handeln

Vater im Himmel,

wir danken dir für alles,
was unser Leben bereichert
und schön macht.
Laß uns über unserem Wohlergehen
die Not nicht vergessen,
die anderswo in der Welt herrscht.

Mache uns willig
zu Verzicht und Hilfe
für die Notleidenden.

Erneuere die Christenheit,
daß sie deinen Frieden weitergibt
durch Wort und Tat.
Laß dein Reich kommen!

Amen.

MITTWOCH

Sei du uns nahe

Ein neuer Schultag hat begonnen.
Wir wollen noch einen Augenblick innehalten.

Herr,

du weißt, was uns bewegt
und was wir denken,
was wir erwarten und befürchten,
worüber wir uns ärgern und freuen.

Sei du uns nahe!
Schenke uns Mut und Zuversicht.

Amen.

DONNERSTAG

Wir sind gemeint

Herr,

wir nehmen diese Welt hin,
als ob sie unser Eigentum wäre,
und vergessen dabei,
daß du sie geschaffen hast.

Wir verschmutzen unsere Umwelt
und gefährden damit das Leben auf der Erde.

Laß uns nicht immer denken,
die anderen sollen anfangen,
sondern laß uns selber beginnen,
sorgsam mit der Erde umzugehen.

Amen.

FREITAG/SAMSTAG

Wir freuen uns auf den Sonntag

Herr, unser Gott,

heute ist der letzte Tag einer langen Schulwoche;
(über)morgen können wir Sonntag feiern.

Wir danken dir,
daß es nach deinem Willen
einen Tag geben soll,
an dem wir aufatmen und ausruhen können,
einen Tag, der uns daran erinnert,
daß du die Mitte unseres Lebens bist.

Aber oft wissen wir mit dem Sonntag
nichts Rechtes anzufangen.

Herr, laß nicht zu,
daß wir deine Gabe geringschätzen.
Hilf uns,
unsere Zeit sinnvoll einzuteilen,
so daß wir wirklich frei sind,
für dich und für uns.

Amen.

Im Alltag der Schule

Einfach mit Gott reden

Herr,

wenn ich mit dir spreche,
brauche ich keine großen Worte zu machen.

Ich brauche mir nicht zu überlegen,
wie ich mein Gebet formuliere
oder wie der Satz am besten klingt,
denn du verstehst mich.

Danke,
daß wir spontan mit dir reden können
und zu dir kommen dürfen,
wie wir sind.

Amen.

Danke für alles, was wir lieb haben

Herr,

wir möchten dir für alles Schöne der Erde danken:
für die Blumen, die Tiere und die Menschen;
besonders für Menschen, die wir sehr lieb haben.

Danke,
daß du uns die Augen für alles Schöne geöffnet hast.

Amen.

Dieser Tag soll gut werden

Guter Vater,

ein neuer Tag hat angefangen.
Wir sind gesund
und danken dir dafür.
Dieser Tag soll gut werden.

Hilf uns, daß wir mit allen gut auskommen,
zu Hause,
in der Schule,
mit unseren Freunden
und auch mit denen,
die wir nicht so gut leiden können.

Wir wissen,
daß du immer bei uns bist.
Das macht uns Mut.

Amen.

Ehe der Unterricht beginnt

Lieber Gott,

wir danken dir für jeden neuen Schultag,
den wir gesund beginnen können.
Wir danken dir dafür,
daß wir lernen dürfen;
wir danken dir aber auch
für die Klassenfahrten und die Ferien,
die wir miteinander erlebt haben.

Wir bitten dich für all die Jugendlichen,
die krank sind
und keine Schule besuchen können,
für die, die Not leiden
und niemanden finden,
der ihnen hilft.

Laß uns erkennen, was wir
für eine gerechtere und bessere Welt
tun können.

Amen.

Wir bitten dich für diesen Tag

Herr, unser Gott,

wir sind wieder in der Klasse zusammengekommen.
Bevor der Unterricht beginnt,
sagen wir dir in der Stille,
was uns bewegt . . . . .

Herr, laß uns eine Gemeinschaft werden.
Sei mit uns und mit unseren Lehrern,
damit uns gemeinsam dieser Tag gelingt.

Darum bitten wir dich,
am Morgen dieses Tages.

Amen.

Morgenlied

1. Aus meines Herzens Grunde sag ich dir Lob und Dank in dieser Morgenstunde, da- zu mein Leben lang, dir, Gott in deinem Thron, zu Lob und Preis und Ehren durch Christum, unsern Herren, dein' eingebornen Sohn.

2. Der du mich hast aus Gnaden / in der vergangnen Nacht / vor Gfahr und allem Schaden / behütet und bewacht, / demütig bitt ich dich, / wollst mir mein Sünd vergeben, / womit in diesem Leben / ich hab erzürnet dich.

Für unsere Klasse beten

Herr,

als Klasse gehen wir ein Stück unseres Weges zusammen.
Schenke uns Offenheit und Verständnis füreinander.
Hilf, daß wir nicht gegeneinander sind
aus Neid, Ehrgeiz und Mißtrauen.

Stärke unsere Klassengemeinschaft.
Laß uns zusammenhelfen,
wenn uns das Lernen Mühe bereitet.
Schenke uns gemeinsame Erlebnisse,
die uns Freude machen.

Herr, sei mit uns,
wenn wir zusammen sind.

Amen.

Eine gute Gemeinschaft werden

Herr, unser Vater,

wir danken dir füreinander,
für unsere Gemeinschaft
bei Arbeit und Spiel,
für Hilfsbereitschaft
und gegenseitiges Verstehen.

Bewahre uns
vor Mißgunst und Neid,
vor Rechthaberei und Streit.

Hilf uns,
einander gelten zu lassen
und uns gemeinsam
über Erfolge zu freuen.

Gib uns offene Augen,
daß wir verborgene Not erkennen
und einander helfen können.

Amen.

Zueinander fair sein

Vater,

wir wissen,
daß du uns liebst.

Laß uns deine Liebe weitergeben
und heute darauf achten,
daß in der Klasse
die Lauten
die Schüchternen nicht überschreien,
die Starken
die Schwachen nicht verspotten,
die Einsamen nicht mutlos werden.

Laß die Begabten
nicht hochmütig sein
und die Ängstlichen
nicht verbittert werden.

Hilf uns zu erkennen,
wo wir uns gegenseitig helfen können.

Amen.

Laß uns freundlicher werden

Wir bitten dich, Herr,
laß die Welt, in der wir leben,
durch uns ein wenig freundlicher und heller werden.

Wir denken an unsere Klasse,
an unsere Schule, an unsere Freunde,
an unsere Familie.

Wir selbst sind oft launisch und unfreundlich.
Hilf uns, mit uns zurechtzukommen
und zu anderen freundlich zu sein.

Wir beten in der Stille . . . . .

Amen.

Wir dürfen Wünsche haben

Herr,

ein Mensch, der nichts mehr wünscht,
der nichts mehr erwartet,
der hat das Leben und dich aufgegeben.
Darum bitten wir: Höre unsere Wünsche!

Wir wünschen uns,
die Schulzeit gut zu bestehen;
wir warten auf Anerkennung,
auf Zuneigung und Verständnis;
wir wünschen uns Ziele,
die uns wirklich ausfüllen.

Wir bitten dich:
Höre unsere Wünsche an!
Laß uns nicht aufgeben,
auf dich zu hoffen.

Amen.

Wir brauchen Freunde

Vater,

oft suchen wir nach Freunden,
nach Menschen, die uns verstehen,
mit denen wir reden können,
die zuhören.

Auch wir wollen versuchen
zuzuhören,
zu verstehen,
zu helfen,
wo ein Mensch uns braucht.

Gib uns bitte einen Menschen,
der mit uns unseren Weg geht.

Amen.

Wer geht mit uns?

Herr,
oft sind wir allein.

Hilf uns, einen Menschen zu finden,
dem wir vertrauen können,
der sich für uns Zeit nimmt,
der uns hilft, schwere Zeiten zu überwinden.

Hilf uns, Herr,
einen Menschen zu finden,
der mit uns geht.

Amen.

Wenn ich mir nicht sicher bin

Vater,

du kennst mich,
du allein weißt,
was in mir vorgeht,
was ich denke und fühle.
Du kennst meine Wünsche und Träume,
meine Ängste und meine Traurigkeit.

Du bist bei mir, Herr.
Du begleitest mich auf meinem Weg,
einem Weg, der vor mir liegt
und den ich nicht kenne.

Hilf mir, Herr, bei meiner Suche nach dem Sinn
und beschütze mich in den Höhen
und Tiefen meines Lebens.

Amen.

Herr, wir brauchen deine Hilfe

Vater im Himmel,

wir wissen oft nicht, was wir wollen.
Wir sind unsicher
und wagen oft nicht den ersten Schritt.
Es fehlt uns der Mut zur Entscheidung.

Wir bitten dich:
Schenke uns Entschiedenheit.
Laß uns die Dinge so sehen, wie sie sind.

Gib uns ein klares Urteil.
Laß uns mit Herz und Verstand entscheiden
und stärke dabei
unser Vertrauen auf dich.

Amen.

Im Alltag der Schule

Wenn man mit sich unzufrieden ist

Herr,

wir wollen oft anders sein,
als wir sind,
schöner,
klüger,
reicher,
größer.

Wir vergleichen uns mit anderen,
mit anderen in der Klasse,
in der Nachbarschaft,
im Fernsehen und in Illustrierten.
Wir leben mit Wünschen,
die nur selten zu erfüllen sind.

Laß uns nicht streben nach dem,
was nicht zu erreichen ist;
laß uns erkennen,
wer wir sind,
und hilf uns, das zu werden,
was wir von unseren Gaben her sein können.

Amen.

Richtig miteinander reden

Viele Worte sagen uns einfach nichts.
Leere Sprüche helfen nicht weiter.
Oft reden wir aneinander vorbei.

Gott,

hilf uns, so miteinander zu sprechen,
daß wir einander sagen, was wir meinen,
und aussprechen können, was uns bewegt.

Gott, bewahre uns vor Worten,
hinter denen wir nicht stehen!

Amen.

Die Wahrheit sagen und ertragen

Du willst, Herr,
daß wir aufrichtig miteinander umgehen.

Mach uns frei
von Unwahrhaftigkeit.

Gib uns Kraft,
unbequeme Wahrheiten zu ertragen.

Und wenn wir selbst
einem anderen unangenehme Wahrheiten
sagen:
hilf uns, daß wir es liebevoll tun
und niemanden dabei verletzen.

Amen.

Kann man so beten?

Von einer Schülerin stammt das folgende Gebet. Es ist ungewöhnlich und reizt zum Nachdenken. Manche mögen ein solches Gebet ablehnen. Andere werden es vielleicht gerne mitbeten:

Also, lieber Gott,
heute muß ich dir mal ein Kompliment machen.
Danke, daß du alles so toll gemacht hast.

Ich danke dir für diesen wunderschönen Tag,
für meine Eltern, die mich gern haben,
für meine Freunde, die Zeit für mich haben,
mit denen ich über vieles reden kann.

Ich danke dir für meinen Hund,
der sich freut, wenn ich nach Hause komme,
für das tägliche Essen,
das meine Mutter mir macht.

Lieber Gott,
für so vieles müssen wir dir danken,
Tag für Tag.
Wir tun es viel zu wenig.

Hilf, Herr,
daß ich immer dankbarer werde.

Amen.

Freude erfahren

Lieber Gott,

wir danken dir, daß du uns
frohe Tage schenkst,
Tage, die uns Freude bringen:

Freude am Leben,
Freude beim Lernen,
Freude mit den Eltern
und Freude an Menschen,
denen wir begegnen.

Aber es gibt auch Menschen,
die sich nicht freuen können,
die Angst haben
vor ihrem weiteren Leben.

Mache uns hilfsbereit,
daß sie durch uns
Freude erfahren.

Amen.

Ist das alles selbstverständlich?

Lieber Gott,

wir gehen in eine Schule:
Sie ist jeden Morgen sauber.

Wir leben in einer Stadt:
Jeden Tag sorgen Menschen
für Müllabfuhr und Straßenreinigung,
für Wasser, für Straßenbeleuchtung und Energie.

Wir leben in einem Land:
Ärzte und ihre Helfer bemühen sich
um unsere Gesundheit.
Bei den Gerichten sorgen Menschen
für das Recht der Bürger,
und bei vielen anderen Stellen findet man Hilfe.

Wir leben in einer Demokratie:
Wir haben die Möglichkeit
mitzudenken, mitzuarbeiten, mitzureden.
Für die meisten gibt es Arbeit und Lohn.
Die Welt steht uns offen,
jeder kann gehen oder fahren,
wohin es ihn zieht.

Erhalte uns diese Freiheit und
diesen Frieden, lieber Gott.

Amen.

Unsere Mitwelt leidet

Herr,

hilf uns, unsere Umwelt zu erhalten.
Gib uns Einsicht,
daß wir sie nicht mutwillig zerstören,
daß wir Rücksicht auf Tiere und
Pflanzen nehmen,
ihnen keinen Schaden zufügen.

Verzeih, was wir bisher falsch
gemacht haben.

Wir hoffen,
daß es noch nicht zu spät ist.
Gib uns den Mut,
für diese Sache zu kämpfen.

Hilf uns, Herr!

Amen.

Du hast uns Großes anvertraut

Herr, unser Gott,

du hast den Menschen
deine Welt anvertraut
und ihnen Macht gegeben
über die Kräfte der Natur.
Du gibst ihnen Einblick in den Kosmos
und in die Geheimnisse des Lebens.

Herr, dein Vertrauen ist groß.

Laß die Wissenschaftler begreifen,
daß all ihr Forschen dem Wohle der Menschen
und der Erhaltung deiner Schöpfung dienen muß.

Hilf uns bei unserer Arbeit in der Schule:
Laß uns alles, was wir in den einzelnen Fächern lernen,
als Teile eines großen Ganzen sehen,
das du geschaffen hast
und durch uns erhalten willst.

Amen.

Es gibt nicht nur uns!

Herr,

laß uns aufmerken:
Wir gehen oft achtlos durch die Straßen,
sehen die anderen nicht.
Wir leben in unseren Häusern,
als gäbe es nur uns.

Laß uns wach werden,
wecke unsere Phantasie,
unsere Liebe,
unsere Hoffnung.

Hilf uns
zu hören und nicht zu überhören,
zu sehen und nicht wegzusehen,
zu reden, wo wir nicht schweigen dürfen.

Amen.

Hände

Gott,

du hast uns Hände gegeben,
sie sind wie ein Werkzeug.

Wir können sie zu vielen Dingen gebrauchen:
zum Arbeiten, zum Malen, zum Musizieren.

Hände können auch verletzen.
Ich kann mit meiner Hand jemanden schlagen;
ich kann mit meiner Hand etwas zerstören.

Aber wir können uns auch gegenseitig
bei der Hand nehmen,
uns Mut machen
und uns Sicherheit geben.

Herr,
gib uns die Gnade,
daß wir unsere Hände
in deinem Sinne gebrauchen.

Amen.

Im Alltag der Schule

Danke, daß wir lernen können!

Nach einer Schätzung der UNESCO gibt es weltweit über 900 Millionen Analphabeten: 900 Millionen Menschen mit fehlenden oder unzureichenden Lese- und Schreibkenntnissen.
In unserem Land sind es 3 Millionen.

Herr,

es ist gar nicht selbstverständlich,
daß wir lesen und schreiben können.
Es ist nicht selbstverständlich,
daß wir vieles lernen und erfahren,
was uns im Leben hilft und Freude bringt.

Oft kommen wir nur widerwillig
und launisch zur Schule.

Herr,
heute will ich dir einmal danken,
daß ich etwas lernen kann.
Hilf,
daß ich mit meinen Fähigkeiten
anderen helfe.

Amen.

Denkbetrieb Schule

Viele Gedanken werden heute in unserer Schule gedacht.
Zahlen werden addiert und dividiert,
Potenzen, Funktionen werden berechnet,
unsichtbare Welten werden damit durchschritten.
Worte in deutscher, englischer, französischer oder
lateinischer Sprache werden bedacht.
Vorgänge im Mikro- und Makrokosmos werden
in der Physik beschrieben,
chemische Formeln erklären Zusammenhänge in der Natur.

Wie die Tiere sich verhalten
und wie die Menschen leben
nach Gewohnheiten und Gesetzen:
Das alles denkt man heute in der Schule.

Laß uns, o Gott,
in dieser Minute an dich denken,
den Anfang, die Mitte und das Ziel von allem.

Amen.

Oft haben wir die Schule satt

Herr,

oft haben wir die Schule satt.
Wir haben keine Lust mehr zu arbeiten;
die täglichen Aufgaben und Pflichten sind uns zuwider.
Für uns zählen vor allem die Freizeit und die Ferien.

Gib uns Kraft, zur Schule „ja" zu sagen.
Wir brauchen deine Hilfe, Herr,
um mit dem zurechtzukommen,
was hier von uns gefordert wird.

Amen.

Um Gottes willen widerspenstig sein

Es gibt viele gedankenlose Ja-Sager. Aus Gleichgültigkeit oder Angst vor der Blamage passen sie sich lieber den Verhältnissen an.
Das folgende Gebet spricht eine andere Sprache:

O Herr,

mach mich zum Werkzeug
deines Friedens,
daß ich Sand bin im Getriebe der Welt,
daß ich ein Unruheherd bin
in der Masse der Gleichgültigen,
daß ich störe dort,
wo alles so unmenschlich reibungslos
abläuft.

Herr,
ich weiß, daß dein Wort auch mir gilt,
daß ich für dich mehr bin
als eine Laune der Natur.
Herr,
auf dich traue ich;
laß mich nicht zuschanden werden.

Amen.

Wer bist du, Gott?

Herr,

wir nennen dich
den unendlichen,
geheimnisvollen
und unfaßbaren Gott.

Und doch bist du
nicht ferne und unnahbar.
Du willst,
daß wir Menschen
den Weg suchen zu dir.

Herr,
wir wissen nicht,
wo der Weg beginnt.
Zeig du uns
den ersten Schritt.

Amen.

Frei sein will ich

Frei sein will ich,
grenzenloser Gott,
Raum haben,
meinen Platz zu finden.

Mir graut vor jeder Enge,
den Zwängen,
allem Druck;
mir graut
vor den Großen,
die mich
in der Hand haben,
mich über die Klinge
springen lassen können;
mir graut
vor aller
Anpassung an die Gegebenheiten.

Frei sein,
laß mich frei sein,
grenzenloser Gott,
der du mich
in der Hand hast
zu meinem Glück,
der du mich
zu einer Freiheit berufst,
die Zukunft hat
über alle Unfreiheiten hinaus.

Amen.

Jeder Tag ist ein Geschenk

Jeder neue Tag ist ein Geschenk
von dir, Herr.
Laß uns nicht untergehen
im Betrieb unseres Schulalltags.

Laß uns Menschen sein,
die sich am Leben freuen können
und offen sind
für alles Schöne und Gute
in deiner Welt.

Amen.

Im Lauf des Schuljahres

Das Schuljahr beginnt

Wir danken dir, Herr,
daß wir im Vertrauen auf dich
dieses Schuljahr beginnen können.
Gib uns Kraft und Mut
für die neuen Aufgaben,
die vor uns liegen.

Schenke uns aufmerksame Augen
und ein offenes Herz
für unsere Mitschüler,
vor allem auch für die,
die Schwierigkeiten mit der Schule haben.
Laß uns an die Schüler denken,
die neu an unsere Schule gekommen sind,
daß wir ihnen helfen, sich zurechtzufinden.

Wir bitten dich
für unsere Eltern und Geschwister
und für unsere Lehrer:
Schenke uns eine gute Gemeinschaft
mit ihnen.

Wir beten in der Stille . . . . .

Amen.

Laß dieses Schuljahr gelingen!

Das neue Schuljahr liegt vor uns
wie ein unbeschriebenes Blatt.

Was werden wir darauf schreiben?
Was wird es uns bringen?

Es wird wohl Schönes und Schweres,
Frohes und Trauriges,
gute und schlechte Noten geben.

Gott,
wir bitten dich,
daß es ein gutes Schuljahr wird.

Amen.

Wenn der Anfang der Woche schwer fällt

Herr,

ich hatte mich diesmal so an das Wochenende gewöhnt,
an die Zeit, die mir gehört,
in der ich machen kann, was mir gefällt.
Nun fällt mir der Anfang schwer,
vor mir liegen in dieser Woche
dreißig lange Schulstunden, in denen ich
aufpassen, mitdenken und mir Wichtiges merken soll.
Dazwischen liegen weitere mühsame Stunden,
in denen ich mit den Hausaufgaben fertig werden muß.
Manchmal denke ich:
Ich habe als Schüler einen schweren Beruf.

Mein Gott,
nimm mir das Selbstmitleid, das zu nichts führt:
mach mir bewußt, daß es um mich herum
viele Menschen gibt, die in dieser Woche
auch mit schwierigen Aufgaben fertig werden müssen;
daß es Menschen gibt, die gern zur Schule
oder zur Arbeit gingen,
wenn sie nicht krank oder gebrechlich wären.

Schenke mir Kraft und Mut für all mein Tun
am Anfang und im Verlauf dieser Woche.

Amen.

Erntedank – wofür?

Vater, du Schöpfer der Welt,
heute wollen wir dir danken.

Wir freuen uns über die Früchte der Erde,
die Gaben deiner Schöpfung:
Korn und Trauben, Gemüse und Obst.
Wir danken dir für die Menschen,
die in Feld, Garten und Wald arbeiten.

Wir sind froh über Erfindungen der Technik,
die uns das Leben erleichtern:
Telefon und Medikamente, Mikroskop und Laserstrahlen.
Wir danken dir für die Menschen,
die in Labors, Werkstätten und Büros arbeiten.

Wir denken an die Begabungen,
die wir von dir empfangen haben:
Kameradschaft und Humor, Phantasie und wacher Verstand.
Wir danken dir für die Menschen in unserer Mitte,
die solche Begabungen einsetzen.

Vater, in all dem bist du gegenwärtig.
Du wirkst in der Welt durch uns Menschen,
bis du sie selber vollendest.

Amen.

Wir denken an den Tod

Herr, unser Gott,

das Jahr geht bald zu Ende,
und in den Familien denkt man an die Toten.

Auch wir wissen von Toten, die uns lieb sind,
und wir denken heute still an sie . . . . .

Herr,
erinnere uns daran,
daß wir nur Gäste auf der Erde sind.

Wir danken dir,
daß du uns die Hoffnung der Auferstehung geschenkt hast.

Wir bitten dich:
Schenk uns deine Kraft,
unser Leben so zu führen,
daß wir es zu jeder Zeit
an dich zurückgeben können.

Amen.

Macht hoch die Tür

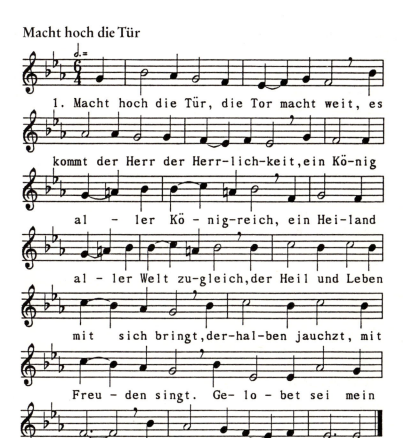

1. Macht hoch die Tür, die Tor macht weit, es kommt der Herr der Herrlichkeit, ein König aller Königreich, ein Heiland aller Welt zugleich, der Heil und Leben mit sich bringt, derhalben jauchzt, mit Freuden singt. Gelobet sei mein Gott, mein Schöpfer reich an Rat.

2. Er ist gerecht, ein Helfer wert. / Sanftmütigkeit ist sein Gefährt, / sein Königskron ist Heiligkeit, / sein Zepter ist Barmherzigkeit; / all unsre Not zum End er bringt; derhalben jauchzt, mit Freuden singt. / Gelobet sei mein Gott, / mein Heiland groß von Tat.

3. O wohl dem Land, o wohl der Stadt, / so diesen König bei sich hat. / Wohl allen Herzen insgemein, / da dieser König ziehet ein. / Er ist die rechte Freudensonn, / bringt mit sich lauter Freud und Wonn. / Gelobet sei mein Gott, / mein Tröster früh und spat.

Advent – Zeit der Stille

Herr, unser Heiland,

wir denken an Weihnachten
und warten auf das Fest.

Mitten in der Unruhe,
der Hetze und der Geschäftigkeit dieser Tage
möchten wir stille werden
und uns richtig vorbereiten.

Begleite uns in diesen Wochen.
Sei in unserer Mitte mit deinem Geist.

Amen.

Advent – Einspruch gegen unsere Sattheit

Der Advent ist eine Zeit der Besinnung und Umkehr. Wir denken nicht nur an das bevorstehende Weihnachtsfest, sondern auch an die Zukunft der Welt und an unsere Verantwortung, die wir vor Gott haben.

Herr, unser Gott,

wir bereiten uns auf das Weihnachtsfest vor.
Unser Wohlstand wird in diesen Wochen besonders deutlich.
Wir sind satt und zufrieden.
Du selbst aber kamst arm zu uns.

Wir bitten dich:
Laß uns erkennen, wo wir Verantwortung übernehmen können
für Menschen, die es schwer haben.

Gib, daß uns unsere Zufriedenheit
nicht blind macht für Menschen,
die uns brauchen.
Schenke uns ein empfindsames Gewissen,
damit wir nicht achtlos an der Not anderer vorbeigehen.

Amen.

Advent – Bitte um Frieden

Vater im Himmel,

viel Dunkel bleibt in der Welt
trotz der Lichter, die wir anzünden.
Unrecht und Haß entzweien viele Völker;
Krieg und Not lasten auf ihnen.
Die Verantwortlichen wissen oft keinen Rat.

Herr, wir bitten dich,
stehe ihnen bei!

Hilf uns,
miteinander in Frieden zu leben,
für das Recht anderer einzutreten
und Liebe zu üben nach deinem Gebot.

Vater, dein Wille geschehe auf Erden
und dein Reich komme.

Amen.

Wann ist Weihnachten?

Wann ist Weihnachten?

Dann ist Weihnachten,
wenn die Verletzten heil
und die Hungernden satt werden,
wenn die Entrechteten Recht bekommen,
die Trägen sich zum anderen aufmachen,
die Verzweifelten den Stern der Hoffnung entdecken
und die Stolzen sich wie ein Kind lieben lassen können.

Wir beten:

Gott,

du bist Mensch geworden.
Darum sollen auch wir zueinander menschlich sein.
Begleite uns, wenn wir aufbrechen,
dorthin, wo jemand auf uns wartet.

Amen.

Weihnachtsgeschenke

Vater im Himmel,

in dieser Zeit vor Weihnachten
geht es hektisch zu
und wir kommen kaum zur Besinnung.

Laß uns nicht vergessen,
daß es an Weihnachten um dein Geschenk
an uns geht.

Hilf uns,
daß wir mit unserem Schenken
Freude machen.

Gib uns füreinander
gute und helfende Worte
und laß uns untereinander
zum Frieden finden.

Amen.

O du fröhliche

2. O du fröhliche, / o du selige, / gnadenbringende Weihnachtszeit! / Christ ist erschienen, / uns zu versühnen: / freue, freue dich, o Christenheit!

3. O du fröhliche, / o du selige, / gnadenbringende Weihnachtszeit! / Himmlische Heere / jauchzen dir Ehre: / freue, freue dich, o Christenheit!

Wir gehen in die Weihnachtsferien

Der erste Teil des Schuljahres ist nun vorbei.
Wir freuen uns auf die Ferien.

Herr,

wir danken dir für alles Gute,
das wir in dieser Zeit erfahren haben.

Wir bitten dich:
Stehe denen von uns bei, denen Schlimmes zugestoßen ist –
den Schülern wie den Lehrern.

Laß uns die Festtage als Chance sehen,
füreinander ein besseres Verständnis zu finden.

Wir bitten dich,
daß auch die Menschen in den Ländern ohne Frieden
ruhige Tage haben.

Wir bitten dich für alle unter uns,
die in diesen Tagen Probleme haben:
hilf ihnen, damit zurechtzukommen,
so daß auch sie Weihnachten feiern können.

Begleite uns in die Ferien,
laß uns gesund zurückkehren.

Amen.

Zum Neuen Jahr

Der evangelische Dichter und Schriftsteller Jochen Klepper war mit einer Jüdin verheiratet und erlebte mit seiner Familie, wie die Juden von den Nationalsozialisten unterdrückt und in den Tod getrieben wurden. Dennoch konnte er in einem Lied zum Jahreswechsel 1938 beten:

Der du die Zeit in Händen hast,
Herr, nimm auch dieses Jahres Last
und wandle sie in Segen.
Nun von dir selbst in Jesus Christ
die Mitte fest gewiesen ist,
führ uns dem Ziel entgegen.

Da alles, was der Mensch beginnt,
vor seinen Augen noch zerrinnt,
sei du selbst der Vollender.
Die Jahre, die du uns geschenkt,
wenn deine Güte uns nicht lenkt,
veralten wie Gewänder.

Der du allein der Ewge heißt
und Anfang, Ziel und Mitte weißt
im Fluge unsrer Zeiten:
bleib du uns gnädig zugewandt
und führe uns an deiner Hand,
damit wir sicher schreiten.

Amen.

Wunder des Winters

Öffne uns die Augen, o Gott,
für die Wunder des Winters:

Für die Schönheit von Eis und Schnee,
für das Funkeln der Schneekristalle;
für das Gesicht einer tief verschneiten
Landschaft
und den Frieden, der davon ausgeht;
für das Kunstwerk einer einzigen
Schneeflocke,
für die Einzigartigkeit der Eisblumen.

Öffne uns die Augen, o Gott,
für die Wunder des Winters.

Amen.

Vergnügte Tage

Damit wir das Lachen nicht verlernen,
ist es gut, daß es lustige Tage gibt.
Damit wir heiter sein können,
ist es gut, daß wir Feste feiern.
Damit wir uns nicht zu wichtig nehmen,
ist es gut, Humor zu haben,
um über uns selbst lachen zu können.

Gott,

laß uns spüren,
wie gesund das Lachen
und wie heilsam die Freude ist.

Amen.

Passion – Warum leiden?

Vater im Himmel,

wir wehren uns
gegen die Lasten
und Leiden unseres Lebens.
Wir fragen: Warum?
und finden keine Antwort.
Wir können schwer begreifen,
daß du uns nahe bist,
auch wenn wir leiden.

Vater, hilf uns,
mit unseren Fragen zurechtzukommen
und trotz allem
auf dich zu vertrauen.

Vater, laß uns erfahren,
daß du unser Helfer bist,
stärker als alle Not.

Amen.

Passion – das Kreuz erinnert uns

In unserem Klassenzimmer hängt das Kreuz.

Herr Jesus Christus,

dein Leiden war keine Kleinigkeit.
Laß uns erkennen, daß es für uns geschehen ist.
Du bist für unsere Schuld gestorben.
Laß uns für dein Opfer dankbar sein.

Hilf,
daß von unserer Dankbarkeit
auch die etwas spüren,
denen wir heute begegnen.

Amen.

Ostern geht weiter

In vielen Kirchen wurde an Ostern gesungen:
„Wir wollen alle fröhlich sein
in dieser österlichen Zeit;
denn unser Heil hat Gott bereit'."

Herr, unser Gott,

laß etwas von der Osterfreude
auch in der Schule spürbar werden:
daß kein Tag ohne Lachen ist,
daß der Unterricht auch einmal Spaß macht,
daß wir zueinander freundlich sind.

Vertreibe den Geist der Verdrossenheit und Angst,
der Feigheit und der Rechthaberei.
Bestimme du mit deinem Geist unser Leben,
damit das Schlechte in uns stirbt
und wir zu neuen Menschen werden.

Amen.

Schenke uns deinen Geist!

Herr Jesus Christus,

deine Jünger waren anfangs voller Angst
und trauten sich nicht,
deine frohe Botschaft weiterzugeben.
Aber der Heilige Geist hat sie herausgerissen
aus ihrer Mutlosigkeit
und ihnen Kraft gegeben,
deine Zeugen zu sein.

Auch wir haben oft Angst,
wenn wir zeigen sollen, daß wir an dich glauben.

Wir bitten dich,
gib uns dazu Mut
und die richtigen Worte.

Unser Glaube ist von Zweifeln bedroht.
Bitte mach uns gewiß:
du bist unser Gott und Herr,
dir dürfen wir vertrauen.

Schenke uns deinen Geist!

Amen.

Begeisterung steckt an

Pfingsten will uns sagen:

Gottes Geist ist wie Feuer.
Wo er wirkt,
da wird das Dunkel hell.
Wo er wirkt,
da werden Menschen verwandelt,
da finden Menschen zueinander.

Herr, unser Gott,
schenk uns deinen Geist,
damit wir Licht und Wärme weitergeben.
Schenk uns deinen Geist,
damit wir besser miteinander leben können.

Amen.

Im Lauf des Schuljahres

In den letzten Wochen des Schuljahres

Wir bitten dich, Herr,
um deinen Schutz
in diesen letzten Wochen des Schuljahres.

Für manche unter uns
entscheidet sich jetzt noch vieles:
gib ihnen Glück und Kraft.
Für andere sind die Entscheidungen bereits gefallen:
laß sie nicht gleichgültig und träge
oder aber mutlos werden.

Uns allen schenke Vernunft und Klugheit,
daß wir kritisch prüfen,
was uns angeboten wird
und was uns begegnet.
Schenke uns den Blick
für alles Gute,
von dem wir täglich leben.

Hilf uns, das Böse zu vermeiden.
Mache uns stark im Glauben!

Wir bitten dich für unsere Eltern
und für unsere Mitschüler.
Wir denken vor dir
an alle, die wir liebhaben.

Wir beten in der Stille . . . . .

Amen.

Heute ist Notenkonferenz

Herr, unser Gott,
heute ist Klassenkonferenz.

Wir bitten dich,
gib allen, die sich
über uns Gedanken machen,
Einsicht in das,
was wir wollen und können,
und Verständnis für das,
was wir wollten, aber nicht geschafft haben.

Laß unsere Lehrerinnen und Lehrer
gerechte Entscheidungen treffen,
lenke ihren Rat so,
daß er jedem einzelnen hilft,
nicht nur im Augenblick,
sondern über diese Zeit hinaus.

Amen.

Die Ferien beginnen

Gott, unser Vater,

wir sind voller Freude:
Morgen beginnen die Ferien!
Wir bitten dich:
Schenke uns frohe Ferientage.
Laß uns unter deinem Segen stehen.
Gib uns offene Augen,
damit wir erkennen, wie schön und reich deine Welt ist.
Schütze uns und alle Menschen vor Gefahren.
Laß uns nach den Ferien wieder gesund
und ausgeruht zusammenkommen.
Vater, wir sagen dir Lob und Dank!

Amen.

Am Ende des Schuljahres

Herr,

wir blicken auf das Schuljahr zurück:
es brachte Freude
aber auch Kummer.
Vergib uns,
wo wir an anderen
und vor dir schuldig geworden sind.
Laß uns selber nachsichtig sein!
Öffne uns die Augen für alles,
was schön und gut war!

Wir bitten dich:
Sei auch in den kommenden Wochen bei uns.
Laß uns dankbar sein,
wenn wir Schönes erleben.
Behüte uns vor Unrecht
und vor falschen Wegen.
Laß uns offen sein für Erfahrungen,
die uns menschlicher machen.

Hilf uns, daß die Ferienzeit
eine gute Zeit wird.

Amen.

Besondere Anlässe

Für die Schülermitverantwortung

Du weißt es, o Gott,

wo Menschen in einem Raum miteinander arbeiten,
da gibt es Störungen und zuweilen Streit;
das kommt in den besten Familien vor,
auch im Betrieb oder in einer Klasse.

Wir danken dir heute für d i e Schüler,
die sich für ihre Mitschüler tatkräftig einsetzen.

Wir danken dir auch für diejenigen, die es wagen,
bei Konflikten auch einmal für die Schule
oder für einen Lehrer zu sprechen!

Mach uns zu Menschen, die die Gerechtigkeit
höher achten als ihren Vorteil oder Nachteil.
Mach uns mutig und geschickt, wenn es sein muß,
stellvertretend für viele die Wahrheit zu sagen.

Amen.

Konflikte in der Schule

Lieber Gott,

wir sind schnell dabei,
Mitschüler oder Lehrer zu beschuldigen,
sie zu verurteilen.

Aber es ist schwer,
Schuld bei sich selber zu suchen
und sie auch zuzugeben.

Gib uns den Mut, unsere Fehler einzugestehen.
Laß uns neue Wege zueinander finden.

Amen.

Gebete vor einer Schulaufgabe

I.

Herr,

wir schreiben heute eine Arbeit.
Wir sind aufgeregt.
Wir möchten ruhig werden.
Hilf uns,
daß wir so gut arbeiten,
wie wir können.
Laß uns bei Schwierigkeiten
nicht mutlos werden.

Amen.

II.

Herr,

wir sind heute nervös,
und manche haben Angst.
Du, Herr, kannst uns helfen.

Wir bitten dich:
Hilf uns,
klar zu denken
und konzentriert zu arbeiten.
Laß uns
unser Wissen und Können richtig anwenden.
Steh uns bei,
daß wir mit unseren Schwierigkeiten fertigwerden.

Amen.

Besondere Anlässe

Die Abschlußprüfung rückt näher

Herr, unser Gott,

unsere Prüfungen rücken näher.
Wir sind dankbar, daß wir es bis hierher geschafft haben.
Nun stehen wir vor den entscheidenden Tagen.

Gib uns bitte Ausdauer bei den letzten Vorbereitungen,
behüte uns vor unnötiger Aufregung
und laß uns in den Prüfungen nicht versagen.

Hilf unseren Lehrern,
daß sie beim Korrigieren unsere Leistungen richtig einschätzen
und eine gerechte Bewertung finden.

Amen.

Am Tag der Prüfung

Herr, unser Gott,

heute ist Prüfungstag.
Du bist bei uns.
Jeden Schritt, den wir tun, begleitest du;
jedes Wort, das wir denken, weißt du,
ehe wir es aussprechen.

Herr,
behüte uns am heutigen Tag
vor unnötiger Aufregung.
Stehe uns bei,
laß uns in der Prüfung nicht versagen.

Amen.

Besondere Anlässe

Berufswahl: Was soll ich werden?

Herr, unser Gott,
wir stehen vor einer wichtigen Entscheidung.

Hilf uns, den rechten Weg zu finden.
Zeige uns, wo wir unsere Kräfte am besten einsetzen können.
Laß uns Menschen begegnen, die uns unterstützen.
Schenke uns Ausdauer, Freude und Erfüllung
im künftigen Beruf.

Herr,
in unserem Beruf werden Menschen auf uns warten.
Gib uns den Blick dafür,
zu erkennen, wer uns braucht.
Laß uns gut mit allen auskommen,
mit denen wir im Beruf einmal zu tun haben.

Wir bitten dich für alle,
die keine Arbeit haben,
die in ihrem Beruf unglücklich sind
oder ihn nicht mehr ausüben können.
Laß sie nicht verzweifeln
und schenke ihrem Leben neue Ziele.

Amen.

Freude an Tieren

Herr, unser Gott,

wir denken an unsere Haustiere
und an die große Freude,
die du uns durch diese Tiere bereitest.
Bitte hilf uns,
daß wir ihnen gegenüber unsere Pflichten nicht vergessen.

Wir denken an die Tiere, die in der freien Natur leben,
und danken dir dafür,
daß du unsere Welt durch sie reicher und schöner machst.
Bitte zeige uns Wege,
wie wir diese Tiere schützen und erhalten können.

Wir denken an die Tiere, die wir nur noch ausnutzen.
Wir müssen dir bekennen,
daß wir Menschen uns an ihnen oft versündigen.
Herr, laß uns einsehen, was wir diesen Tieren antun.
Ändere unsere Haltung,
daß wir ihre Würde als Geschöpfe wieder achten.

Amen.

Lobe den Herren

1. Lo-be den Her-ren, den mäch-ti-gen Kö-nig der Eh-ren; kom-met zu-hauf, Psal-ter und Har-fe, wacht auf, las-set den Lob-ge-sang hö-ren.

   lob ihn, o See-le, ver-eint mit den himm-li-schen Chö-ren.

2. Lobe den Herren, der alles so herrlich regieret, / der dich auf Adelers Fittichen sicher geführet, / der dich erhält, / wie es dir selber gefällt. / Hast du nicht dieses verspüret?

3. Lobe den Herren, der künstlich und fein dich bereitet, / der dir Gesundheit verliehen, dich freundlich geleitet. / In wieviel Not / hat nicht der gnädige Gott / über dir Flügel gebreitet!

4. Lobe den Herren, was in mir ist, lobe den Namen. / Lob ihn mit allen, die seine Verheißung bekamen. / Er ist dein Licht; / Seele, vergiß es ja nicht. / Lob ihn in Ewigkeit. Amen.

Das Geschenk der Liebe

Lieber Vater,

danke für die herrliche Zeit,
die wir mit Menschen haben, die wir lieben.
Wir hoffen und wünschen,
daß wir uns niemals trennen.

Hilf uns,
daß uns kein belangloser Streit auseinanderbringt.
Laß uns begangene Fehler einsehen
und schenke uns die Bereitschaft,
einander zu vergeben.

Amen.

Wer hat Zeit für mich?

Herr Jesus Christus,

viele von uns denken:
Niemand hat Zeit für mich!
Alle haben so viel zu tun.
Keiner hat Zeit, mir zuzuhören.

Jesus,
zu dir sind viele Leute mit ihren Sorgen gekommen.
Du hattest immer Zeit für sie.

Ich vertraue darauf,
daß du Zeit hast für mich.
Du weißt, was mich jetzt bewegt,
was mich heute bedrückt.

Hilf mir, damit zurechtzukommen.

Amen.

Zweifel

Herr, unser Gott,

viele von uns werden von Zweifeln geplagt,
ob es dich gibt
und ob du dich um uns kümmerst.

Laß uns Menschen finden,
die uns bei unseren Fragen weiterhelfen können,
und zeige uns einen Weg, der weiterführt.

Mach uns Mut,
trotz allem auf dich zu vertrauen.

Amen.

Ich bin nicht einverstanden ...

Herr,

ich kann ganz und gar nicht dankbar sein,
denn Nachrichten über Unglücke und Kriege,
über Umweltschäden und Verbrechen
bedrücken mich.
Streß und Angst
belasten mich.
Ich bin enttäuscht,
daß einige von uns
nicht gut miteinander auskommen;
daß Eltern und Freunde und Lehrer
manchmal nicht so verständnisvoll sind,
wie sie vorgeben.
Oft bin ich auch selbst nicht so,
wie ich gerne wäre.

Herr,
ich bin mit vielem
nicht einverstanden.
Zeige mir einen Weg,
wie ich damit zurechtkommen kann!

Wir bitten dich:
„Dein Reich komme;
erlöse uns von dem Bösen!"
Amen.

Eine Schülerin hat Geburtstag

Heute hat ..... Geburtstag.
Wir wünschen ihr viel Schönes und Gutes.

Wir bitten dich, o Gott, daß du sie
auch im neuen Lebensjahr
begleitest und beschützt,
daß du ihr hilfst,
damit sie auf ihrem Lebensweg vorankommt.

Gott, wir wünschen ihr und uns allen,
daß wir unser Leben als Geschenk sehen
und annehmen können,
als ein Geschenk, das von dir kommt.

Amen.

Ein Schüler hat Geburtstag

Heute hat ..... Geburtstag.
Wir wünschen ihm viel Schönes und Gutes.

Wir bitten dich, o Gott, daß du ihn
auch im neuen Lebensjahr
begleitest und beschützt,
daß du ihm hilfst,
damit er auf seinem Lebensweg vorankommt.

Gott, wir wünschen ihm und uns allen,
daß wir unser Leben als Geschenk sehen
und annehmen können,
als ein Geschenk, das von dir kommt.

Amen.

Für die Eltern

Herr,
wir wissen, daß unsere Eltern uns lieben.

Aber oft sind wir unfreundlich und nicht bereit,
ihnen einen Gefallen zu tun.
Wir können ihnen nicht alles sagen,
was wir denken und was wir erlebt haben.
Wir wissen, daß sie schwer damit fertig werden,
weil sie teilhaben wollen an unserem Leben.

Laß uns einen Weg zueinander finden.
Mache uns liebevoller zu unseren Eltern
und geduldiger mit ihnen.
Gib ihnen Kraft, uns zu lieben,
auch wenn es ihnen nicht immer leicht fällt.
Hilf ihnen, daß sie auch uns verstehen
und uns nie aufgeben.

Herr,
hilf uns zueinander.

Amen.

Jung und alt

Wir denken heute an Menschen, die alt sind:

Manche von ihnen sind einsam.
Manche von ihnen sind krank.
Manche sind auch seltsam.

Es ist schwer für uns,
mit ihnen richtig umzugehen.
Vielleicht haben sie niemand,
der für sie da ist.

Lieber Gott,

wir denken an sie und bitten dich:
Gib, daß Menschen kommen und ihnen helfen.
Laß auch uns freundlich
und hilfsbereit zu ihnen sein.

Amen.

Wenn jemand krank ist

Herr,

erst wenn wir selbst krank sind,
merken wir,
wie wichtig es ist, gesund zu sein.

Wir bitten dich für alle Kranken:
Laß sie wieder gesund werden
oder, wenn es sein muß,
hilf ihnen, mit ihrer Krankheit zu leben.

Öffne uns die Augen für unsere Möglichkeiten,
Kranken zu helfen.

Wir beten in der Stille . . . . .

Amen.

Einer fehlt – für immer

Gott,

wir können es nicht fassen,
einer von uns
ist nicht mehr da,
sein Platz ist leer,
nicht für eine paar Tage
wie sonst,
sondern für immer.

Wir wollen ihn
nicht vergessen,

seinen Namen,
sein Gesicht,
sein Wesen.
Wir werden ihn lange
nicht vergessen.

Du aber, o Gott,
schreib seinen Namen
ins Buch des Lebens,
damit er bleibt
in Ewigkeit.

Amen.

Eine fehlt – für immer

Gott,

wir können es nicht fassen,
eine von uns
ist nicht mehr da,
ihr Platz ist leer,
nicht für eine paar Tage
wie sonst,
sondern für immer.

Wir wollen sie
nicht vergessen,

ihren Namen,
ihr Gesicht,
ihr Wesen.
Wir werden sie lange
nicht vergessen.

Du aber, o Gott,
schreib ihren Namen
ins Buch des Lebens,
damit er bleibt
in Ewigkeit.

Amen.

Wenn ein großes Unglück geschehen ist

Vater im Himmel,

ein großes Unglück ist geschehen.
Wir sind erschrocken und ratlos.
Warum müssen so viele Menschen ihr Leben verlieren?
Warum müssen die einen leiden
und die anderen bleiben verschont?

Wir wissen keine Antwort. –

Gott, wir bitten dich:
Stehe den Menschen bei,
die von diesem Unglück schwer getroffen sind.
Laß sie nicht verzweifeln.

Schenke uns den Mut,
dort zu helfen, wo wir Leid mildern können.
Sei mit uns,
auch wenn wir an dir unsicher werden
und deinen Willen nicht verstehen.
Behüte und bewahre unser Leben.

Amen.

Unsere Ängste

Herr,

es gibt Ängste,
die uns nicht loslassen wollen.

Wir denken an die Zerstörung der Natur,
an die Bedrohung des Friedens,
an das Leiden von Menschen unter Hunger und Unrecht.

Wir bitten dich, Herr,
hilf uns, mit unseren Ängsten zurechtzukommen.
Erhalte uns einen wachen Sinn,
daß wir sie nicht betäuben.
Laß uns nicht resignieren in dem Gefühl,
doch nichts ändern zu können.

Zeige uns Möglichkeiten,
wie wir selbst etwas tun können
gegen Friedlosigkeit, Ungerechtigkeit
und Zerstörung deiner Schöpfung.

Schenke uns das Vertrauen darauf,
daß wir trotz allem,
was uns Angst macht,
bei dir geborgen bleiben.

Amen.

Für Männer und Frauen in politischer Verantwortung

Wir bitten dich, Herr, für alle Männer und Frauen,
die im öffentlichen Leben Verantwortung tragen.
Leite sie an,
dem Wohl der Menschen zu dienen.
Bewahre sie vor Fehlentscheidungen
und vor den Versuchungen der Macht.

Du hast gesagt,
wer der Größte sein will, soll der Diener aller sein.
Erleuchte und stärke die Politiker,
daß sie sich mit Ausdauer und Geschick
für Gerechtigkeit und Frieden einsetzen.

Amen.

Eine Welt für alle
(aus Anlaß einer Hilfsaktion)

Herr, unser Gott,

jeden Tag bekommen wir genug zu essen.
Wir haben ein festes Dach über dem Kopf
und können in Frieden arbeiten.

Es gibt aber Millionen von Menschen in der Welt,
deren Lebensbedingungen unwürdig sind.

Hilf uns,
damit wir unsere Mitverantwortung erkennen.
Wecke in uns die Bereitschaft, ihnen zu helfen.
Laß jeden von uns
seinen Teil dazu beitragen.

Amen.

Beten mit der Bibel

Was ist der Mensch?

Der Beter betrachtet den nächtlichen Sternenhimmel und staunt über die Würde des Menschen in der Schöpfung.

Herr, unser Herrscher,

wie gewaltig ist dein Name auf der ganzen Erde,
über den Himmel breitest du deine Hoheit aus.

Seh ich den Himmel, das Werk deiner Finger,
Mond und Sterne, die du befestigt:

Was ist der Mensch, daß du an ihn denkst,
des Menschen Kind, daß du dich seiner annimmst?

Du hast ihn nur wenig geringer gemacht als Gott,
hast ihn mit Herrlichkeit und Ehre gekrönt.

Du hast ihn als Herrscher eingesetzt über das Werk deiner Hände,
hast ihm alles zu Füßen gelegt.

Herr, unser Herrscher,
wie gewaltig ist dein Name auf der ganzen Erde!

Amen.

(aus Psalm 8)

Würde und Verantwortung des Menschen

Herr, du Herrscher der Welt,

wie herrlich ist dein Name in allen Landen!
Dich rühmen Alte und Junge,
Gebildete und Ungebildete.

Die Wissenschaft läßt uns blicken
in die Rätsel deiner Schöpfung.
Wir wissen von der Welt der Gestirne
und der Welt der Atome.

Deine Schöpfung ist gewaltig,
wir können sie nur in Bruchstücken erfassen.

Was ist der Mensch,
daß du ihn überhaupt beachtest?
Und doch hast du uns einen überragenden Platz
in deiner Schöpfung zugewiesen.

Du gibst uns die Fähigkeit,
die Welt zu durchforschen,
Energien freizusetzen und zu bändigen,
technische Erfindungen zu machen
und verantwortlich einzusetzen.

Herr, unser Herrscher,
wie herrlich ist dein Name in allen Landen!

Amen.

(modernes Gebet nach Psalm 8)

Geborgen bei Gott

Ursprünglich war der Psalm 23 vielleicht ein Wallfahrtslied. Der Pilger stimmte es an, wenn er durch die Schluchten Palästinas zum Tempel nach Jerusalem zog. Das finstere Tal, das er durchwanderte, wurde zum Symbol für die Angst unzähliger Menschen. „Frische Wasser" und „grüne Auen", Hoffnung und Zuversicht, fanden die Beter dieses Psalms im Glauben an Gott.

Der Herr ist mein Hirte,
mir wird nichts mangeln.
Er weidet mich auf einer grünen Aue
und führet mich zum frischen Wasser.
Er erquicket meine Seele.
Er führet mich auf rechter Straße
um seines Namens willen.

Und ob ich schon wanderte
im finstern Tal,
fürchte ich kein Unglück;
denn du bist bei mir,
dein Stecken und Stab trösten mich.

Du bereitest vor mir einen Tisch
im Angesicht meiner Feinde.
Du salbest mein Haupt mit Öl
und schenkest mir voll ein.

Gutes und Barmherzigkeit
werden mir folgen mein Leben lang,
und ich werde bleiben
im Hause des Herrn immerdar.

Amen.

(Psalm 23 in der Übersetzung Martin Luthers, 1545)

Geborgen bei Gott

Der Herr ist mein Hirt,
nichts wird mir fehlen.

Er läßt mich lagern auf grünen Auen
und führt mich zum Ruheplatz am Wasser.

Er stillt mein Verlangen;
er leitet mich auf rechten Pfaden, treu seinem Namen.

Muß ich auch wandern in finsterer Schlucht,
ich fürchte kein Unheil;
denn du bist bei mir,
dein Stock und dein Stab geben mir Zuversicht.

Du deckst mir den Tisch
vor den Augen meiner Feinde.

Du salbst mein Haupt mit Öl,
du füllst mir reichlich den Becher.

Lauter Güte und Huld
werden mir folgen mein Leben lang,
und im Haus des Herrn
darf ich wohnen für lange Zeit.

Amen.

(Psalm 23 in der Einheitsübersetzung, 1980)

Gott, hilf mir!

Menschen, die sich nicht mehr hinaussehen und deshalb an ihrem Glauben irre werden, gibt es nicht erst heute. Schon die Bibel berichtet davon. Der Psalm 71 ist ein Beispiel dafür, wie ein Mensch zu verzweifeln droht, dann aber doch die Kraft findet, auf Gott zu hoffen.

Herr,

ich vertraue auf dich;
laß mich nicht zuschanden werden.

Erhöre mein Gebet
und hilf mir heraus.

Sei mir ein Fels,
auf den ich mich retten kann,
eine Burg, die mich schützt.

Du bist meine Hoffnung;
von meiner Jugend an
verlasse ich mich auf dich.

Ich will von deiner Treue erzählen
und deinen Beistand täglich rühmen,
denn du gibst mir Kraft;
du bist mein Trost und meine Freude.

Amen.

(moderne Übertragung von Versen aus Psalm 71)

Der Mensch in Gottes Hand

Herr,

du bist unsere Zuflucht für und für.
Ehe denn die Berge wurden
und die Erde und die Welt geschaffen wurden,
bist du, Gott, von Ewigkeit zu Ewigkeit.

Der du die Menschen lässest sterben
und sprichst:
Kommt wieder, Menschenkinder!

Denn tausend Jahre sind vor dir
wie der Tag,
der gestern vergangen ist,
und wie eine Nachtwache.

Du lässest sie dahinfahren
wie einen Strom,
sie sind wie ein Schlaf,
wie ein Gras,
das am Morgen noch sproßt,
das am Morgen blüht und sproßt
und des Abends welkt und verdorrt.

Lehre uns bedenken,
daß wir sterben müssen,
auf daß wir klug werden.

Fülle uns frühe mit deiner Gnade,
so wollen wir rühmen und fröhlich sein
unser Leben lang.

Amen.

(Verse aus Psalm 90 in der Übersetzung Martin Luthers)

Gottes grenzenlose Güte

Zu unserem Leben gehört das Helle und das Dunkle. Nichts brauchen wir auszuklammern, wenn wir uns im Gebet an Gott wenden.

Lobe den Herrn, meine Seele,
und alles in mir seinen heiligen Namen!

Lobe den Herrn, meine Seele,
und vergiß nicht,
was er dir Gutes getan hat:
der dir all deine Schuld vergibt
und all deine Gebrechen heilt,
der dein Leben vor dem Untergang rettet
und dich mit Huld und Erbarmen krönt.

Der Herr ist barmherzig und gnädig,
langmütig und reich an Güte.

Er wird nicht immer zürnen,
nicht ewig im Groll verharren.

Denn so hoch der Himmel
über der Erde ist,
so hoch ist seine Huld über denen,
die ihn fürchten.

Wie ein Vater sich seiner Kinder erbarmt,
so erbarmt sich der Herr
über alle, die ihn fürchten.

Amen.

(aus Psalm 103)

Vom Aufgang der Sonne

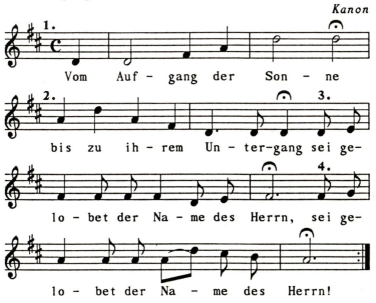

Unter Gottes Schutz

Ein junger Mensch will aufbrechen und sein Leben selbst in die Hand nehmen. Unsicher fragt er:

Ich hebe meine Augen auf zu den Bergen:
Woher kommt mir Hilfe?

– Der Vater antwortet ihm: –

Hilfe kommt vom Herrn,
der Himmel und Erde gemacht hat.

Er läßt deinen Fuß nicht wanken;
er, der dich behütet, schläft nicht.
Nein, der Hüter Israels
schläft und schlummert nicht.

Der Herr ist dein Hüter,
der Herr gibt dir Schatten,
er steht dir zur Seite.

Bei Tag wird dir die Sonne nicht schaden
noch der Mond in der Nacht.

Der Herr behüte dich vor allem Bösen,
er behüte dein Leben.

Der Herr behüte dich,
wenn du fortgehst
und wenn du wiederkommst,
von nun an bis in Ewigkeit.

Amen.

(Psalm 121)

Lobgesang Mariens (Magnificat)

Im ersten Kapitel des Lukas-Evangeliums steht der Lobgesang Mariens, den wir nach seinem lateinischen Anfang „Magnificat" nennen. Mit diesem Lied dankt Maria Gott dafür, daß sie den Messias gebären soll.

Meine Seele preist die Größe des Herrn,
und mein Geist jubelt über Gott, meinen Retter.
Denn auf die Niedrigkeit seiner Magd hat er geschaut.
Siehe, von nun an preisen mich selig alle Geschlechter.
Denn der Mächtige hat Großes an mir getan,
und sein Name ist heilig.

Er erbarmt sich von Geschlecht zu Geschlecht
über alle, die ihn fürchten.
Er vollbringt mit seinem Arm machtvolle Taten:
Er zerstreut, die im Herzen voll Hochmut sind;
er stürzt die Mächtigen vom Thron
und erhöht die Niedrigen.
Die Hungernden beschenkt er mit seinen Gaben
und läßt die Reichen leer ausgehen.

Er nimmt sich seines Knechtes Israel an
und denkt an sein Erbarmen,
das er unseren Vätern verheißen hat,
Abraham und seinen Nachkommen auf ewig.

(Lukas 1,46-55)

Wen Jesus glücklich preist
(aus den Seligpreisungen der Bergpredigt)

Die Bergpredigt beginnt mit Seligpreisungen, die die Christen zu allen Zeiten bewegt haben. Ein moderner Dichter hat sie in heutige Sprache übertragen.

Glücklich – mehr noch: selig sind,
die arm sind vor Gott und sich nicht einbilden,
selbst stark genug zu sein, ohne Ihn.

Glücklich, die Gottes Barmherzigkeit brauchen
und alles von seiner Liebe erwarten,
denn Gott liebt sie und macht sie reich
und tut ihnen zu seinem Reich die Tür auf.

Glücklich, die Leid tragen,
denn Gott wird sie trösten.

Glücklich, die behutsam und freundlich sind,
denn diese Erde wird ihnen gehören.

Glücklich, die nach Gerechtigkeit hungern und dürsten,
denn Gott wird sie satt machen.

Glücklich zu preisen die Barmherzigen,
denn Gott wird ihnen barmherzig sein.

Glücklich die Menschen, denen Gott ein reines Herz gibt,
denn sie werden ihn schauen.

Glücklich, die Frieden machen, wo Streit ist,
denn sie sind Gottes Kinder.

(Matthäus 5,3-9)

Aus der Tradition der christlichen Kirchen

Das Apostolische Glaubensbekenntnis

Ich glaube an Gott,
den Vater, den Allmächtigen,
den Schöpfer des Himmels und der Erde,
und an Jesus Christus,
seinen eingeborenen Sohn, unsern Herrn,
empfangen durch den Heiligen Geist,
geboren von der Jungfrau Maria,
gelitten unter Pontius Pilatus,
gekreuzigt, gestorben und begraben,
hinabgestiegen in das Reich des Todes,
am dritten Tage auferstanden von den Toten,
aufgefahren in den Himmel;
er sitzt zur Rechten Gottes, des allmächtigen Vaters;
von dort wird er kommen,
zu richten die Lebenden und die Toten.

Ich glaube an den Heiligen Geist,
die heilige katholische / christliche Kirche,
Gemeinschaft der Heiligen,
Vergebung der Sünden,
Auferstehung der Toten
und das ewige Leben.

Amen.

Te Deum

Aus dem 4. Jahrhundert stammt der altkirchliche Lob- und Bittgesang „Te Deum" („Dich, Gott, loben wir"). Zwar wissen wir: Gott hat unsere Anerkennung nicht nötig. Aber uns Menschen wird im Lob dankbar bewußt, daß Gott in jedem Augenblick der Urheber und Vollender des Lebens ist.

Großer Gott, wir loben dich;
Herr, wir preisen deine Stärke.
Vor dir neigt die Erde sich
und bewundert deine Werke.
Wie du warst vor aller Zeit,
so bleibst du in Ewigkeit.

Dich, Gott Vater auf dem Thron,
loben Große, loben Kleine.
Deinem eingebornen Sohn
singt die heilige Gemeinde,
und sie ehrt den Heiligen Geist,
der uns seinen Trost erweist.

Herr, erbarm, erbarme dich.
Laß uns deine Güte schauen;
deine Treue zeige sich,
wie wir fest auf dich vertrauen.
Auf dich hoffen wir allein:
laß uns nicht verloren sein.

Amen.

Komm, Schöpfer Geist

Zu den bekanntesten Hymnen der abendländischen Kirche gehört das über tausend Jahre alte Lied „Komm, Schöpfer Geist". Es schlägt einen Bogen von menschlicher Not zu göttlicher Fülle. Eine unzerstörbare Hoffnung spricht aus diesem Gesang: Der Schöpfer Geist erneuert das Antlitz der Erde.

Komm, Schöpfer Geist, kehr bei uns ein,
besuch das Herz der Kinder dein:
die deine Macht erschaffen hat,
erfülle nun mit deiner Gnad.

Der du der Tröster wirst genannt,
vom höchsten Gott ein Gnadenpfand,
du Lebensbrunn, Licht, Lieb und Glut,
der Seele Salbung, höchstes Gut.

O Schatz, der siebenfältig ziert,
o Finger Gottes, der uns führt,
Geschenk, vom Vater zugesagt,
du, der die Zungen reden macht.

Zünd an in uns des Lichtes Schein,
gieß Liebe in die Herzen ein,
stärk unsres Leibs Gebrechlichkeit
mit deiner Kraft zu jeder Zeit.

Treib weit von uns des Feinds Gewalt,
in deinem Frieden uns erhalt,
daß wir, geführt von deinem Licht,
in Sünd und Elend fallen nicht.

Den Vater auf dem ewgen Thron
lehr uns erkennen und den Sohn;
dich, beider Geist, sei'n wir bereit
zu preisen gläubig alle Zeit.

Amen.

Ave Maria

Gegrüßet seist du, Maria, voll der Gnade,
der Herr ist mit dir.
Du bist gebenedeit unter den Frauen,
und gebenedeit ist die Frucht deines Leibes, Jesus.
Heilige Maria, Mutter Gottes,
bitte für uns Sünder
jetzt und in der Stunde unseres Todes.

Amen.

Martin Luthers Morgensegen

Das walte Gott Vater, Sohn
und Heiliger Geist, Amen.

Ich danke dir, mein himmlischer Vater,
durch Jesus Christus, deinen lieben Sohn,
daß du mich diese Nacht
vor allem Schaden und Gefahr behütet hast,
und bitte dich,
du wollest mich diesen Tag auch behüten
vor Sünden und allem Übel,
daß dir all mein Tun und Leben gefalle,
denn ich befehle mich,
meinen Leib und Seele,
und alles in deine Hände.

Dein heiliger Engel sei mit mir,
daß der böse Feind
keine Macht an mir finde.

Amen.

Sich auf Gott verlassen

Jeder Tag ist ein neuer Aufbruch ins Ungewisse. Dabei kann uns ein Lied Zuversicht geben, das der Arzt Paul Fleming im Jahre 1633 vor dem Antritt einer langen und gefahrvollen Reise dichtete:

In allen meinen Taten
laß ich den Höchsten raten,
der alles kann und hat.
Er muß zu allen Dingen,
soll's anders wohl gelingen,
mir selber geben Rat und Tat.

Nichts ist es spät und frühe
um alle meine Mühe.
Mein Sorgen ist umsonst.
Er mag's mit meinen Sachen
nach seinem Willen machen;
ich stell's in seine Vatergunst.

Amen.

Führe mich, o Herr

Heinrich Albert war vor 350 Jahren ein angesehener Komponist und Dichter. Aus seinem Lied „Gott des Himmels und der Erden" stammen die folgenden zwei Strophen:

Führe mich, o Herr, und leite
meinen Gang nach deinem Wort;
sei und bleibe du auch heute
mein Beschützer und mein Hort.
Nirgends als von dir allein
kann ich recht bewahret sein.

Meinen Leib und meine Seele
samt den Sinnen und Verstand,
großer Gott, ich dir befehle
unter deine starke Hand.
Herr, mein Schild, mein Ehr und Ruhm,
nimm mich auf, dein Eigentum.

Amen.

Befiehl du deine Wege

Paul Gerhardt ist der wohl bekannteste evangelische Liederdichter. Er hat in seiner Familie und in seiner Heimat Not und die Schrecken des Dreißigjährigen Krieges erlebt. Dennoch dichtete er sein bekanntes Lied über das Psalmwort „Befiehl dem Herrn deine Wege und hoffe auf ihn; er wird's wohl machen!"
Während die erste Strophe eine Selbstbesinnung darstellt, wendet sich die zweite unmittelbar an Gott:

Befiehl du deine Wege
und was dein Herze kränkt
der allertreusten Pflege
des, der den Himmel lenkt.
Der Wolken, Luft und Winden
gibt Wege, Lauf und Bahn,
der wird auch Wege finden,
da dein Fuß gehen kann.

„Weg hast du allerwegen,
an Mitteln fehlt dir's nicht;
dein Tun ist lauter Segen,
dein Gang ist lauter Licht;
dein Werk kann niemand hindern,
dein Arbeit darf nicht ruhn,
wenn du, was deinen Kindern
ersprießlich* ist, willst tun."

Amen.

---

* nützlich, heilsam

Morgenlicht

Wir beten heute mit den Worten, die ostsyrische Christen vor mehr als tausend Jahren gesprochen haben. Bei ihnen wie bei vielen Völkern war die Sonne ein Symbol für die Barmherzigkeit und Nähe Gottes.

Beim aufgehenden Morgenlicht
preisen wir dich, o Herr;
denn du bist der Erlöser
der ganzen Schöpfung.

Schenk uns in deiner Barmherzigkeit
einen Tag, erfüllt mit deinem Frieden.
Vergib unsere Schuld.
Laß unsre Hoffnung nicht scheitern.
Verbirg dich nicht vor uns.

In deiner sorgenden Liebe trägst du uns;
laß nicht ab von uns.
Du allein kennst unsre Schwäche.
O Gott, verlaß uns nicht.

Amen.

Zum Licht werden

Christen der orthodoxen Kirche beten in einer gefühlvollen, innigen Sprache. Das zeigt dieses Gebet zum Heiligen Geist:

Komm, Heiliger Geist, heilige uns.

Erfülle unsere Herzen mit brennender Sehnsucht
nach der Wahrheit, dem Weg und dem vollen Leben.
Entzünde in uns dein Feuer,
daß wir selber davon zum Lichte werden,
das leuchtet und wärmt und tröstet.

Laß unsere schwerfälligen Zungen Worte finden,
die von deiner Liebe und Schönheit sprechen.
Schaffe uns neu, daß wir Menschen der Liebe werden,
deine Heiligen, sichtbare Worte Gottes,
dann werden wir das Antlitz der Erde erneuern,
und alles wird neu geschaffen.

Komm, Heiliger Geist,
heilige uns, stärke uns, bleibe bei uns.

Amen.

Quelle des Lebens

Der Bischof Serapion lebte im 4. Jahrhundert in Ägypten. Aus seiner Sammlung von Gebeten für den Gottesdienst stammt folgendes Loblied:

Wir preisen dich, unsichtbarer Vater,
du Spender ewigen Lebens.

Du bist der Urquell jeder Gnade und jeder Wahrheit.
Du liebst uns Menschen und bist der Freund der Armen.
Durch die Einkehr deines geliebten Sohnes bei uns
läßt du dich mit allen versöhnen und ziehst alle an dich.
Mache aus uns lebendige Menschen.
Gib uns den Geist des Lichtes, daß wir dich
und den du gesandt hast, Jesus Christus, erkennen.

Amen.

Aus dem Sonnengesang des heiligen Franz von Assisi

In diesem Gebet lobt Franz von Assisi (1181 – 1226) Gott, den Schöpfer, durch die Gestirne und die Elemente der Natur. Franz hat sein Augenlicht verloren und steht kurz vor dem Ende seines Lebens. Das Vertrauen auf Gott läßt ihn auch sein Leid und seinen Tod in dieses Loblied mit hineinnehmen.

Gelobt seist du, mein Herr!
Mit all deinen Geschöpfen,
vor allem mit der edlen Schwester Sonne.
Sie bringt uns den Tag und das Licht,
von dir, du Höchster, ein Gleichnis.

Gelobt seist du, mein Herr!
Durch Bruder Mond und die Sterne.
Du hast sie am Himmel gebildet,
klar und kostbar und schön.

Gelobt seist du, mein Herr!
Durch Bruder Wind und die Luft,
durch bewölkten und heiteren Himmel und jegliches Wetter;
so erhältst du deine Geschöpfe am Leben.

Gelobt seist du, mein Herr!
Durch Schwester Wasser,
so nützlich und demütig,
so köstlich und keusch.

Gelobt seist du, mein Herr!
Durch Bruder Feuer;
mit ihm erleuchtest du uns die Nacht.
Es ist schön und freundlich, gewaltig und stark.

Gelobt seist du, mein Herr!
Durch unsere Schwester, die Mutter Erde;
sie trägt und erhält uns,
bringt vielerlei Früchte hervor
und Kräuter und bunte Blumen.

Gelobt seist du, mein Herr!
Durch alle, die vergeben in deiner Liebe,
die Krankheit und Trübsal ertragen.
Selig, die dulden in Frieden;
sie werden von dir, o Höchster, gekrönt.

Gelobt seist du, mein Herr!
Durch unseren Bruder, den leiblichen Tod;
kein lebender Mensch kann ihm entrinnen.

Lobt und preist meinen Herrn und dankt
und dient ihm in großer Demut.

Amen.

Hinweis: Man kann aus dem Lied einzelne Strophen auswählen.

Das Wessobrunner Gebet

Eines der ehrwürdigsten Zeugnisse deutscher Dichtung ist das um 800 n. Chr. entstandene „Wessobrunner Gebet". In altbairischer Mundart wird zunächst der Zustand vor der Weltschöpfung beschrieben. Dann wendet sich der unbekannte Verfasser im Gebet dem Schöpfergott zu. Wir bedenken und beten den Text in unserer heutigen Sprache:

Das erfragte ich unter den Menschen
als gewaltigstes Wunder:

Als Erde nicht war, noch hoher Himmel,
noch Baum, noch Berg nicht war,
noch Sonne nicht schien, noch Stern,
noch Mond nicht leuchtete,
noch das mächtige Meer,
als nirgends nichts war aller Enden und Wenden:
da war der eine allmächtige Gott,
der Herren mildester;
bei ihm viele Geister voll Herrlichkeit.
Doch eher als sie war der heilige Gott.

Allmächtiger Gott,
der du Himmel und Erde geschaffen
und den Menschen viel Gutes getan hast,
verleihe mir in deiner Huld den rechten Glauben,
gewähre mir Weisheit und Klugheit und Kraft,
dem Verderber zu widerstehn,
das Böse zu meiden
und deinen Willen zu vollbringen.

Amen.

Nimm dich nicht so wichtig!

Thomas Morus (1478 – 1535), englischer Staatsmann und Humanist, weigerte sich aus Gewissensgründen, den König als Oberhaupt der Kirche anzuerkennen. Er wurde verurteilt und enthauptet. Im Jahre 1935 wurde er heiliggesprochen.

Gott,

schenke mir eine Seele,
der die Langeweile fremd ist,
die kein Murren kennt
und kein Seufzen und Klagen,
und laß nicht zu,
daß ich mir allzuviel Sorgen mache
um dieses sich breitmachende Etwas,
das sich „Ich" nennt.

Herr,
schenke mir Sinn für Humor,
gib mir die Gnade,
einen Scherz zu verstehen,
damit ich ein wenig Glück kenne
im Leben
und anderen davon mitteile.

Amen.

Ein Naturforscher preist den Schöpfer

Der Mathematiker und Astronom Johannes Kepler (1571 – 1630) sah in den Naturgesetzen die Weisheit Gottes am Werk.
Er staunte über die Gesetzmäßigkeiten, die der begrenzte menschliche Geist erkennen kann.

Groß ist unser Herr
und groß seine Macht
und seine Weisheit ohne Ende.
Lobet ihn, ihr Himmel,
lobet ihn, Sonne, Mond und Planeten
in der Sprache, die euch gegeben ist,
euren Schöpfer zu loben.

Wir danken dir, Schöpfer und Herr,
daß du uns diese Freude
an deiner Schöpfung,
das Entzücken über die Werke deiner
Hände geschenkt hast.
Wir haben die Herrlichkeit deiner Werke
den Menschen kundgetan,
soweit unser endlicher Geist
deine Unendlichkeit zu fassen vermochte.

Wo wir etwas gesagt haben,
was deiner unwürdig ist,
oder wo wir der eigenen Ehre
nachgetrachtet haben,
das vergib uns in Gnaden.

Amen.

Frieden schaffen

Herr,

mache mich zu einem Werkzeug
deines Friedens,

daß ich Liebe übe, wo man sich haßt,
daß ich verzeihe, wo man sich beleidigt,
daß ich verbinde, wo Streit ist,
daß ich Hoffnung erwecke,
wo die Verzweiflung quält,
daß ich ein Licht anzünde,
wo die Finsternis regiert,
daß ich Freude bringe,
wo der Kummer wohnt.

Ach Herr,
laß du mich trachten,
nicht daß ich getröstet werde,
sondern daß ich tröste,
nicht daß ich verstanden werde,
sondern daß ich verstehe,
nicht daß ich geliebt werde,
sondern daß ich liebe.

Denn wer da hingibt, der empfängt,
wer sich nicht selbst sucht, der findet,
wer verzeiht, dem wird verziehen,
und wer da stirbt,
der erwacht zum ewigen Leben.

Amen.

Von guten Mächten wunderbar geborgen

Der Theologe Dietrich Bonhoeffer wurde als Widerstandskämpfer gegen Adolf Hitler und den Nationalsozialismus Gefangener der Geheimen Staatspolizei (Gestapo).
Die folgenden Verse stammen aus einem Lied, das er am Silvestertag 1944 im Gefängnis für seine Eltern gedichtet hat. –
Dietrich Bonhoeffer wurde im April 1945 im KZ Flossenbürg hingerichtet.

Von guten Mächten treu und still umgeben,
behütet und getröstet wunderbar,
so will ich diese Tage mit euch leben
und mit euch gehen in ein neues Jahr.

Von guten Mächten wunderbar geborgen,
erwarten wir getrost, was kommen mag.
Gott ist mit uns am Abend und am Morgen
und ganz gewiß an jedem neuen Tag.

Hilf, Herr!

Karl Barth (1886 – 1968) war einer der bedeutendsten Theologen des 20. Jahrhunderts. Durch ihn bekam die evangelische Kirche entscheidende Anstöße, besonders für die Auseinandersetzung mit dem Nationalsozialismus. In seinem Werk betont er, daß der Mensch vor allem anderen auf Gottes gnädige Zuwendung angewiesen ist.

Herr, unser Gott!

Wenn wir Angst haben,
dann laß uns nicht verzweifeln!

Wenn wir enttäuscht sind,
dann laß uns nicht bitter werden!

Wenn wir gefallen sind,
dann laß uns nicht liegen bleiben.

Wenn es mit unserem Verstehen
und mit unseren Kräften zu Ende ist,
dann laß uns nicht umkommen!

Dann laß uns deine Nähe
und deine Liebe spüren!

Amen.

Für die Einheit aller Christen

Der Jesuit Karl Rahner (1904 – 1984) gehört zu den großen theologischen und geistlichen Lehrern unserer Zeit. Die Einheit der Christenheit ist eines seiner großen Anliegen.

Gott,

Urgrund und Kraft aller Einheit,
wir rufen dich an und bitten dich,
daß du den voneinander getrennten Christen
diejenige Einheit schenken mögest,
die dem Willen unseres Herrn Jesus Christus entspricht.

Wir wissen zwar,
daß wir selber alles uns Mögliche tun müssen,
damit die Einheit Wirklichkeit wird.
Denn von uns,
nicht von dir, kommt die Spaltung
unter den christlichen Kirchen.
Aber eben diese Aufgabe
ist dennoch das Geschenk deiner Gnade,
die allein das Wollen
und das Vollbringen dieser Einheit schenken kann.

Amen.

Afrikanisches Morgengebet

Im christlichen Glauben sind Menschen aller Kontinente vereint. Wir beten heute mit den Worten junger afrikanischer Christen:

Wir sind erwacht.
Der Schlaf ist noch in unseren Augen,
aber auf unseren Lippen
soll sofort dein Lob sein.
Wir loben und preisen dich.

Wir, das sind die Erde,
das Wasser und der Himmel.
Das sind die Gräser und Sträucher und Bäume.
Das sind die Vögel und all das andere Getier.
Das sind die Menschen hier auf der Erde.

Alles, was du erschaffen hast,
freut sich deiner Sonne
und an deiner Gnade
und wärmt sich daran auf.

Der Tag glänzt auf den Gräsern.
Der Nebel hängt noch in den Bäumen,
und ein milder Wind
verheißt einen guten Tag.

Dürfen wir uns nicht an allem freuen,
was du geschaffen hast?

Darum sind wir so fröhlich
in dieser Morgenstunde, o Herr.
Mach, daß die Minuten und Stunden
nicht in unseren Händen zerrinnen,
sondern daß wir in deiner Zeit leben.

Amen.

Jesus Christus – Bruder aller Menschen

In der Republik Südafrika leben etwa 26 Millionen Schwarze und 6 Millionen Weiße; 10 Millionen der Bevölkerung sind Christen. Einer von ihnen schrieb das folgende Gebet:

O Herr Jesus Christus,

der du von einer hebräischen Mutter
geboren wurdest,
aber voll Freude warst über den Glauben
einer syrischen Frau
und eines römischen Soldaten,
der du die Griechen, die dich suchten,
freundlich aufnahmst
und es zuließest, daß ein Afrikaner
dein Kreuz trug:

Hilf uns, mit Menschen aller Rassen
gemeinsam deinem Reich entgegenzugehen.

Amen.

Mit Indianern für die Schöpfung beten

Großer Gott,

gib uns ein verständiges Herz:
damit wir von deiner Schöpfung nicht mehr nehmen,
als wir geben,
damit wir nicht willkürlich zerstören
nur um unserer Habgier willen,
damit wir uns nicht weigern,
ihre Schönheit mit unseren Händen zu erneuern,
damit wir niemals von der Erde nehmen,
was wir nicht wirklich brauchen.

Großer Gott, gib uns Herzen, die verstehen:
daß wir Verwirrung stiften,
wenn wir die Musik der Erde stören;
daß wir blind für ihre Schönheit werden,
wenn wir ihr Angesicht verunstalten,
daß wir ein Haus voll Gestank haben,
wenn wir gefühllos ihren Wohlgeruch verderben.

Ja, Herr,
wenn wir sorgsam mit der Erde umgehen,
sorgt sie für uns.

Amen.

Gottes Erde ist schön

Das riesige Inselreich Indonesien ist reich an Naturschönheiten. Dort danken Christen Gott mit diesen Worten für seine Schöpfung:

Herr,

ich sehe Schönheit in deinem Werk.
Die gesamte Schöpfung
verkündet deinen Ruhm.

Die riesigen Berge, das tiefblaue Meer,
der klare Himmel, die grünen Felder,
der Regen, die blühenden Blumen,
der fließende Bach,
die Schmetterlinge und Vögel,
sie alle loben dich,
o wunderbarer Herr der Schöpfung.

Du hast uns
eine so schöne Welt geschenkt,
doch in unserer Unvollkommenheit
fehlen uns die Mittel und Worte,
dir zu danken.

Aber du weißt, Herr,
was ganz tief in unserem Herzen ruht:
Es ist der Dank für all deine Gaben,
vor allem für die Gabe des Lebens,
durch das wir deine Schönheit
und Güte erfahren konnten.

Du hast die Welt so schön gemacht, Herr.
Amen.

Lobet und preiset, ihr Völker

Kanon

Lobet und preiset, ihr Völker, den Herrn;

freuet euch seiner und dienet ihm gern.

All ihr Völker, lobet den Herrn.

Gebet der Vereinten Nationen

Herr,

unsere Erde ist nur ein kleines Gestirn
im großen Weltall.

An uns liegt es,
daraus einen Planeten zu machen,
dessen Geschöpfe nicht von Kriegen
gepeinigt werden,
nicht von Hunger und Furcht gequält,
nicht zerrissen in sinnlose Trennung
nach Rasse, Hautfarbe oder
Weltanschauung.

Gib uns den Mut und die Voraussicht,
schon heute
mit diesem Werk zu beginnen,
damit unsere Kinder und Kindeskinder
einst mit Stolz
den Namen Mensch tragen.

Amen.

Nie aufgeben

Benjamin Franklin wurde einmal gefragt, warum er eine Sache trotz großer Hindernisse nicht aufgebe. Er gab einen Ratschlag, den alle beherzigen sollten:
„Haben Sie schon einmal einen Steinmetz bei der Arbeit beobachtet?" fragte er. „Er schlägt vielleicht hundertmal auf die gleiche Stelle, ohne daß auch nur der kleinste Riß sichtbar würde. Aber dann, beim hunderteinten Schlag, springt der Stein plötzlich entzwei.
Es ist jedoch nicht dieser Schlag, der den Erfolg bringt, sondern die hundert, die ihm vorhergingen."

Eigentlich müßte ich umkehren

Ein Mann sitzt im Bummelzug. Bei jeder Station steckt er den Kopf zum Fenster hinaus, liest den Ortsnamen und stöhnt. Nach vier oder fünf Stationen fragt ihn besorgt sein Gegenüber: „Tut Ihnen etwas weh? Sie stöhnen so entsetzlich." Da antwortete er: „Eigentlich müßte ich aussteigen. Ich fahre dauernd in die falsche Richtung. Aber hier ist es so schön warm drin."

Zwiespalt in uns

Ich bin gespalten,
ich habe zwei Ichs.

Ein Ich,
das das Gute will,
und ein Ich, das das Böse tut.

Ein Ich,
das mich anklagt,
und ein Ich,
das mich rechtfertigt.

Ein Ich,
das an dich glauben möchte, Gott,
und ein Ich,
das mir den Weg zu dir versperrt.

Die Welt verändern, indem ich mich ändere

Bayazid, ein frommer islamischer Asket, erzählte die folgende Geschichte:

„In meiner Jugend war ich Revolutionär, und mein einziges Gebet zu Gott lautete: „Herr, gib mir die Kraft, die Welt zu ändern."
Als ich die mittleren Jahre erreichte und merkte, daß die Hälfte meines Lebens vertan war, ohne daß ich eine einzige Seele geändert hätte, wandelte ich mein Gebet ab und bat: „Herr, gib mir die Gnade, alle jene zu verändern, die mit mir in Berührung kommen. Nur meine Familie und Freunde, dann bin ich schon zufrieden."
Nun, da ich ein alter Mann bin und meine Tage gezählt sind, beginne ich einzusehen, wie töricht ich war. Mein einziges Gebet lautet nun: „Herr, gib mir die Gnade, mich selbst zu ändern." Wenn ich von Anfang an darum gebeten hätte, wäre mein Leben nicht vertan."

Jeder möchte die Menschheit ändern, kaum jemand denkt daran, sich selbst zu ändern.

Wahrheitssucher

"Meister" ist in asiatischen Ländern ein Ehrentitel für Menschen von Frömmigkeit und Weisheit.

Einem Gast, der sich selbst einen Wahrheitssucher nannte, sagte der Meister: „Wenn du die Wahrheit suchst, mußt du vor allem anderen eine Sache besitzen."
„Ich weiß, ein unbezwingbares Verlangen nach Wahrheit."
„Nein. Eine nie nachlassende Bereitschaft zuzugeben, daß du Unrecht haben könntest."

Diogenes

Vor über 2000 Jahren aß im antiken Griechenland der Philosoph Diogenes zum Abendbrot Linsen. Das sah der Philosoph Aristippos, der ein angenehmes Leben führte, weil er dem König schmeichelte.
Sagte Aristippos: „Wenn du lerntest, dem König gegenüber unterwürfig zu sein, müßtest du nicht von solchem Abfall wie Linsen leben."
Sagte Diogenes: „Wenn du gelernt hättest, mit Linsen auszukommen, brauchtest du nicht dem König zu schmeicheln."

Die drei Siebe

Vor mehr als 2000 Jahren kam zum weisen Sokrates einer gelaufen und war voll Aufregung.

„Höre, Sokrates, das muß ich dir erzählen, wie dein Freund..."
„Halt ein!" unterbrach ihn der Weise, „hast du das, was du mir sagen willst, durch die drei Siebe gesiebt? Laß sehen, ob das, was du mir zu sagen hast, durch die drei Siebe hindurchgeht. Das erste Sieb ist die Wahrheit. Hast du alles, was du mir erzählen willst, geprüft, ob es wahr ist?" „Nein, ich hörte es erzählen und..." „So, so! Aber sicher hast du es mit dem zweiten Sieb geprüft, es ist das Sieb der Güte. Ist das, was du mir erzählen willst – wenn es nicht schon als wahr erwiesen –, so doch wenigstens gut?"
Zögernd sagte der andere: „Nein, das nicht, im Gegenteil..."
„Hm", unterbrach ihn der Weise, „so laß uns auch das dritte Sieb noch anwenden und laß uns fragen, ob es notwendig ist, mir das zu erzählen, was dich so erregt!"
„Notwendig nun gerade nicht..." „Also", lächelte der Weise, „wenn das, was du mir erzählen willst, weder wahr noch gut, noch notwendig ist, so laß es begraben sein und belaste dich und mich nicht damit!"

Argumente

Zwei chinesische Kulis hatten auf der Straße eine hitzige Auseinandersetzung, und schnell sammelte sich ein Kreis von Neugierigen. Ein englischer Tourist, der auch dabeistand, sagte zu seinem chinesischen Begleiter, daß die beiden wohl bald handgreiflich werden würden. „Das glaube ich nicht", antwortete der Chinese, „denn derjenige, der zuerst zuschlägt, gibt damit zu, daß ihm seine Argumente ausgegangen sind."

Auf uns kommt es an

Der Österreicher Hermann Gmeiner hat nach dem 2. Weltkrieg die SOS-Kinderdörfer in aller Welt gegründet.
Er sagte einmal:

Was ich an Gutem nicht tue, tut niemand mehr, und es bleibt ein für allemal ungeschehen. Das Gute, das ich nicht tue, kann niemand für mich tun.

Ich bin für meine Rose verantwortlich

Antoine de Saint-Exupéry erzählt in seinem weltberühmten Buch „Der kleine Prinz" von der Freundschaft des kleinen Prinzen zu einer Rose. Der Prinz erlebt, wie sie wächst und sich entfaltet, er versorgt sie und lernt dabei von ihr.
Darüber unterhält er sich mit einem Fuchs:

Und der kleine Prinz kam zum Fuchs zurück. „Adieu", sagte er...
„Adieu", sagte der Fuchs. „Hier ist mein Geheimnis. Es ist ganz einfach: Man sieht nur mit dem Herzen gut. Das Wesentliche ist für die Augen unsichtbar.
„Das Wesentliche ist für die Augen unsichtbar", wiederholte der kleine Prinz, um es sich zu merken.
„Die Zeit, die du für deine Rose verloren hast, sie macht deine Rose so wichtig."
„Die Zeit, die ich für meine Rose verloren habe...", sagte der kleine Prinz, um es sich zu merken.
„Die Menschen haben diese Wahrheit vergessen", sagte der Fuchs. „Aber du darfst sie nicht vergessen. Du bist zeitlebens für das verantwortlich, was du dir vertraut gemacht hast. Du bist für deine Rose verantwortlich..."

„Ich bin für meine Rose verantwortlich...", wiederholte der kleine Prinz, um es sich zu merken.

Unsere Welt braucht Menschen

Gedanken zum Mit- und Nachdenken

Trotz der fünf Milliarden:
viel zuwenig Menschen.

Unsere Welt braucht Menschen,
deren Ja ein Ja
und deren Nein ein Nein ist.

Unsere Welt braucht Menschen,
die ein offenes Wort riskieren,
wenn anderen ein Unrecht geschieht.

Unsere Welt braucht Menschen,
die lieber hergeben als kassieren.

Trotz der fünf Milliarden
viel zuwenig Menschen.

Unsere Welt braucht Menschen,
deren Hoffnung andere trägt
und zum Leben erweckt.

Unsere Welt braucht Menschen,
damit die Zukunft menschlicher wird.

Wir brauchen Menschen,
die nicht immer sagen,
die anderen sollen etwas tun.

Laßt uns anfangen,
Menschen zu sein!

Helen Keller kann uns beschämen

Die Amerikanerin Helen Keller gehört zu den großen Frauen des 20. Jahrhunderts. Als eineinhalb Jahre altes Kind blind, taub und stumm geworden, erlernte sie mit eiserner Energie eine Fingersprache. Sie trat weltweit für Behinderte ein.
Von ihr stammen diese Worte:

Wir beschwören endloses Leiden herauf, wenn wir uns zu sehr um unser eigenes Leiden kümmern. Anstatt unser Los mit dem der Menschen zu vergleichen, welche glücklicher sind als wir, sollten wir es an dem Schicksal der weit größeren Zahl unserer Mitmenschen messen, welche unglücklicher sind als wir. Dann machen wir die Entdeckung, daß wir zu den Bevorzugten gehören.

Konsequent leben

Mahatma Gandhi (1869 – 1948) kämpfte gewaltlos für die Unabhängigkeit Indiens von der englischen Kolonialmacht.
Er war ein Hindu, der sein Handeln auch von Jesu Gebot bestimmen ließ, die Feinde zu lieben.
Gandhi vertrat seine Überzeugung ohne Kompromisse. Das zeigen seine Worte:

Ich will bei der Wahrheit bleiben.
Ich will mich keiner Ungerechtigkeit beugen.
Ich will frei sein von Furcht.
Ich will keine Gewalt anwenden.
Ich will guten Willens sein gegen jedermann.

Zukunftsaussichten

Ein indischer Weisheitslehrer hörte mit gespannter Aufmerksamkeit zu, als der berühmte Wirtschaftsforscher seinen Entwurf einer künftigen Weltentwicklung erläuterte. „Sollte Wachstum der einzige Gesichtspunkt in deiner Wirtschaftstheorie sein?" fragte er.
„Ja, jedes Wachstum ist gut in sich."
„Denken nicht Krebszellen genauso?" sagte der Meister.

Jeder hat seinen Ort

Für jüdische Weisheitserzählungen sind die Frage an einen berühmten Rabbi und die Antwort dieses Glaubenslehrers charakteristisch:

Man fragte Rabbi Abraham Jaakob: „Unsere Weisen sagen: 'Kein Ding, das seinen Ort nicht hätte.' Es hat also auch der Mensch seinen Ort. Warum ist dann den Leuten zuweilen so eng?"
Er antwortete: „Weil jeder den Ort des andern besetzen will."

Das Wichtigste

Im jüdischen Glauben spielen Gespräche zwischen den Rabbinern – das sind Glaubenslehrer – und ihren Schülern eine große Rolle.

Bald nach dem Tode Rabbi Mosches wurde einer seiner Schüler von Rabbi Mendel gefragt: „Was war für euren Lehrer das Wichtigste?"
Er besann sich, dann gab er die Antwort: „Womit er sich gerade abgab."

Es kommt auf uns an!

Der berühmte, 1965 verstorbene Philosoph und Theologe Martin Buber erzählt aus dem Schatz jüdischer Weisheit:

Man fragte den berühmten Glaubenslehrer Rabbi Pinchas:
„Warum steht geschrieben:
'Am Tag, da Gott *einen* Menschen schuf auf der Erde'?"
Er erklärte:
„Du sollst deinem Schöpfer dienen, als gäbe es auf der Welt nur den *einen* Menschen,
dich allein!"

Getrennt und doch verbunden

Christen und Atheisten,
Juden und Moslems,
Hindus und Buddhisten, –
wir alle rudern unsere Boote
im Meer der Fragen
nach dem Woher und Wohin des Menschen.

Wir rudern auf dem Meer,
jeder im Boot seiner Überzeugung,
und sind doch verbunden
in der Unruhe des Herzens
und in der gleichen Sehnsucht:
in der Sehnsucht nach der Küste „Hoffnung"
und nach dem Festland „Wahrheit".

Der Geist der Freiheit

Der Geist der Freiheit liegt im Herzen der Menschen.
Wenn sie dort erstirbt, kann keine Verfassung,
kein Gesetz, kein Gericht sie retten.

Der Geist der Freiheit ist der Geist,
der nicht allzu sicher ist, recht zu haben.

Der Geist der Freiheit ist der Geist,
der die Seelen anderer Menschen zu verstehen sucht.

Der Geist der Freiheit ist der Geist,
der ihre Anschauungen objektiv gegen die eigenen abwägt.

Der Geist der Freiheit denkt daran,
daß nicht einmal ein Sperling unbeachtet vom Dache fällt.

Träume von einer neuen Welt

Ich träume von einer Welt, in der Menschen menschlich
miteinander leben können;

von einer Zeit, in der keiner den anderen bekämpft,
weil alle in dieselbe Richtung blicken;

von einer Welt, die Platz hat für alle und Brot;
von einer Zeit, in der das Teilen mehr gilt als das Haben;

von einer Welt, die nicht mehr besessen,
ausgebeutet,
zerstört wird;

von einer Zeit, in der jeder seine Chance hat,
weil keiner ist, der sie ihm neidet;

von einer Welt, in der keiner allein ist, wenn er weint,
keiner im Abstellraum stirbt;

von einer Zeit, in der die Zeitungen und auch die Tagesschau
nichts mehr vom Unglück zu sagen wissen,
weil das Miteinander interessanter geworden ist
als der Konflikt;

ich träume von einer Welt – ich kann sie nicht machen –,
aber einen Schritt,
meinen Schritt kann ich tun.

I have a dream

Martin Luther King (1929–1968) erhielt, weil er sich als Farbiger in den USA für die Aufhebung der Rassentrennung einsetzte, 1964 den Friedensnobelpreis. Bevor er von einem Rassisten ermordet wurde, hielt er eine weltberühmt gewordene Rede, in der er seinen Glauben und seine Hoffnung folgendermaßen formulierte:

Ich habe einen Traum,
daß eines Tages
die Söhne früherer Sklaven
und die Söhne früherer Sklavenhalter
miteinander am Tisch
der Brüderlichkeit sitzen werden.

Ich habe einen Traum,
daß eines Tages jedes Tal erhöht
und jeder Hügel und jeder Berg
erniedrigt wird.
Die rauhen Orte werden geglättet,
und die unebenen werden begradigt.
Die Herrlichkeit des Herrn
wird offenbar werden,
und alles Fleisch wird es sehen.
Das ist unsere Hoffnung!

Mit diesem Glauben
werde ich fähig sein,
aus dem Berg der Verzweiflung
einen Stein der Hoffnung zu hauen.

Mit diesem Glauben
werden wir fähig sein,
zusammen zu arbeiten,
zusammen zu beten,
zusammen zu kämpfen,
zusammen ins Gefängnis zu gehen,
zusammen für die Freiheit aufzustehen
in dem Wissen,
daß wir eines Tages frei sein werden.

Der Faden

Eines schönen Morgens glitt vom hohen Baum am festen Faden die Spinne herab. Unten im Gebüsch baute sie ihr Netz, das sie im Laufe des Tages immer großartiger entwickelte und mit dem sie reiche Beute fing.
Als es Abend geworden war, lief sie ihr Netz noch einmal ab und fand es herrlich.
Da entdeckte sie auch wieder den Faden nach oben, den sie über ihrer betriebsamen Geschäftigkeit ganz vergessen hatte. Doch verstand sie nicht mehr, wozu er diene, hielt ihn für überflüssig und biß ihn kurzerhand ab. Sofort fiel das Netz über ihr zusammen, wickelte sich um sie wie ein nasser Lappen und erstickte sie.

Weltraumfahrt und Glaube

Wernher von Braun war ein berühmter Raketenforscher und Mitbegründer der Weltraumfahrt. Er sagte:

Es ist im Zeitalter der Weltraumfahrt dringend nötig geworden, Gott als einen weit größeren und mächtigeren Schöpfer und Herrn anzuerkennen, als ihn viele von uns bisher gesehen haben. Wie zur Zeit der Entdeckerjahre, als ein heidnisch bevölkertes Land nach dem anderen den traditionellen Landkarten der Christenheit zugefügt wurde, so müssen wir Heutigen uns bemühen, uns von unserem erdgebundenen Provinzialismus zu befreien und Gott als den Herrn einer weit größeren Welt als unserer kleinen Erde anzuerkennen.

Sag ja zum Unerwarteten

Der katholische Bischof Dom Helder Camara stammt aus den Elendsvierteln von Rio de Janeiro. Er ist ein unermüdlicher Kämpfer für eine gerechtere Welt. Er ermutigt immer wieder Menschen, ihr Leben in die Hand zu nehmen, auch wenn alles ausweglos erscheint. Seine Zuversicht und sein Gottvertrauen kommen in folgendem Gedanken zum Ausdruck:

Sag ja
zu den Überraschungen,
die deine Pläne durchkreuzen,
deine Träume zunichte machen,
deinem Tag
eine ganz andere
Richtung geben –
ja vielleicht
deinem Leben.

Sie sind nicht Zufall.
Laß dem himmlischen Vater die Freiheit,
die Wendung deiner Tage
selber zu bestimmen.

Von Gott berufen

Der englische Theologe Kardinal John Henry Newman (1801 – 1890) regt uns an, darüber nachzudenken, wozu wir berufen sind.

Ich bin berufen,
etwas zu tun oder zu sein,
wofür kein anderer berufen ist.

Ich habe einen Platz
in Gottes Plan,
auf Gottes Erde,
den kein anderer hat.

Ob ich reich oder arm bin,
verachtet oder geehrt
bei den Menschen,
Gott kennt mich
und ruft mich
bei meinem Namen.

Fußspuren

Ein französischer Gelehrter durchstreift die Wüste und hat sich als Führer einige Araber mitgenommen. Beim Sonnenuntergang breiten die Araber ihre Teppiche auf den Boden und beten.

„Was machst du da?" fragt er einen.
„Ich bete."
„Zu wem?"
„Zu Allah."
„Hast du ihn jemals gesehen – betastet – gefühlt?"
„Nein."
„Dann bist du ein Narr!"

Am nächsten Morgen, als der Gelehrte aus seinem Zelt kriecht, meint er zu dem Araber: „Hier ist heute nacht ein Kamel gewesen!"
Da blitzt es in den Augen des Arabers: „Haben Sie es gesehen, betastet, gefühlt?"
„Nein."
„Dann sind Sie aber ein sonderbarer Gelehrter!"
„Aber man sieht doch rings um das Zelt die Fußspuren!"
Da geht die Sonne auf in all ihrer Pracht. Der Araber weist in ihre Richtung und sagt: „Da sehen Sie die Fußspuren Gottes!"

Der Besuch

In einer russischen Legende träumt ein Schuster mit großer Freude, daß Gott ihn besuchen will. So arbeitet er nicht an diesem Tag und macht alles festlich.

Aber dann kam nur der Briefträger, der eine Tasse Tee erhielt und sich aufwärmen durfte.

Später kam ein weinender Knabe, der im Menschengewühl seine Mutter verloren hatte. Der Schuster brachte ihn nach Hause.

Zuletzt kam eine übernächtigte Mutter, die schon seit drei Tagen am Bett ihres schwerkranken Sohnes gewacht hatte und nun nicht mehr konnte. Also übernahm der Schuster die halbe Nachtwache und die Pflege.

Traurig legte er sich nach Mitternacht zu Bett, weil er Gottes Besuch verpaßt zu haben meinte. Da hörte er eine Stimme: „Danke fürs Aufwärmen, danke fürs Geleit nach Hause, danke für Trost und Pflege – danke für deine Gastfreundschaft!"

Nur für heute...

Papst Johannes XXIII. (1881 – 1963) hat über seine eigene Kirche hinaus der gesamten Christenheit neue Maßstäbe und Ziele gesetzt. Die folgenden Vorsätze sind Zeichen seiner persönlichen Frömmigkeit und Bescheidenheit.

Nur für heute
werde ich in der Gewißheit
glücklich sein,
daß ich für das Glück
geschaffen bin.

Nur für heute
werde ich
nicht danach streben,
die anderen zu kritisieren
oder zu verbessern –
nur mich selbst.

Nur für heute
werde ich glauben –
selbst wenn die Umstände
das Gegenteil zeigen sollten –,
daß Gott für mich da ist.
Als gäbe es sonst
niemanden in der Welt.

Ich will mich nicht entmutigen
lassen durch den Gedanken,
ich müsse dies alles
mein ganzes Leben durchhalten.
Heute ist es mir gegeben,
das Gute während
zwölf Stunden zu wirken.

Für Gebetskreise
in der Schule

Fange bei mir an

Herr, unser Gott,

erwecke deine Kirche
und fange bei mir an.

Mach unsere Gemeinde lebendig
und fange bei mir an.

Laß Frieden und Gotteserkenntnis
überall auf Erden kommen
und fange bei mir an.

Bring deine Liebe und Wahrheit
zu allen Menschen
und fange bei mir an.

Amen.

Sich dem Heiligen Geist öffnen

Der große Theologe Aurelius Augustinus (354 – 430 n.Chr.) hat ein sehr persönliches Gebet zum Heiligen Geist aufgeschrieben:

Atme in mir, du Heiliger Geist,
daß ich Heiliges denke!

Treibe mich, du Heiliger Geist,
daß ich Heiliges tue!

Locke mich, du Heiliger Geist,
daß ich Heiliges liebe!

Stärke mich, du Heiliger Geist,
daß ich Heiliges hüte!

Hüte mich, du Heiliger Geist,
daß ich es nimmer verliere!

Amen.

Unsere Aufgabe – Versöhnung

Mutter Teresa und Frère Roger sind vielen Menschen unserer Zeit glaubwürdige Zeugen für das Evangelium geworden. Ihr prophetisches Wirken sprengt alle konfessionellen und politischen Grenzen. Mit ihnen beten wir um die Versöhnung aller Menschen.

O Gott, Vater aller Menschen,

du bittest jeden von uns,
Liebe dorthin zu tragen,
wo Arme erniedrigt werden,
Freude dorthin,
wo die Kirche entmutigt ist,
und Versöhnung dorthin,
wo die Menschen uneins sind:
der Vater mit dem Sohn,
die Mutter mit der Tochter,
der Mann mit seiner Frau,
der Glaubende mit dem,
der nicht glauben kann,
der Christ mit seinem nichtgeliebten
christlichen Bruder.

Du bahnst uns diesen Weg
der Liebe, Freude und Versöhnung,
damit der verwundete Leib Christi, deine Kirche,
Ferment der Gemeinschaft für die Armen der Erde
und für die ganze Menschenfamilie sei.

Amen.

Für Gebetskreise in der Schule

Wo zwei oder drei

Kanon

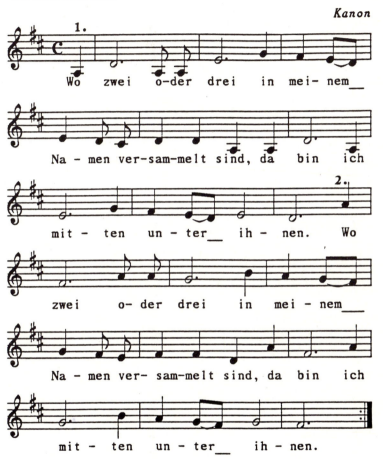

Wo zwei oder drei in meinem Namen versammelt sind, da bin ich mitten unter ihnen. Wo zwei oder drei in meinem Namen versammelt sind, da bin ich mitten unter ihnen.

„In seinem Namen!"?

Immer wieder gibt es Tage, an denen wir wenig Lust zur Schule haben.
Wir zweifeln, ob das, was wir – Schüler wie Lehrer – hier tun, wirklich Sinn hat.
Dennoch gilt: Jeder hat von Gott Gaben und Aufgaben zugewiesen bekommen, die seinem Leben jeden Tag neuen Sinn geben können.
Ein Gebet von Jörg Zink hilft uns, darüber nachzudenken.

Herr,

du kennst unsere Schwäche.
Du weißt, wie leicht wir
den Mut verlieren.
Du weißt,
wie ängstlich wir unsere Schritte setzen.
Aber du hast uns gerufen.
Darauf verlassen wir uns.

Wir wissen nicht, ob etwas herauskommt
bei allem, was wir in deinem Namen tun.
Aber das Werkzeug
braucht sich nicht zu ängsten
um den Sinn des Werks.
Du hast uns in die Hand genommen.
Brauche uns.

Amen.

Danken und vertrauen

Ich danke dir, Vater,
daß ich das Licht deiner Sonne schaue.
Daß ich atme. Daß ich lebe.
Ich danke dir, Vater,
daß ich mit allen deinen Geschöpfen
Frucht und Schönheit deiner Schöpfung genieße.

Ich freue mich, Vater, daß ich bin.
Ein lebendiges, atmendes Gebilde deiner Hand.
Ein Kind deiner Güte und Herrlichkeit.
Ich freue mich des Lichts, das ich schaue,
der Stimmen, die ich höre.
Ich freue mich deines Himmels und deiner Erde.

Ich danke dir für das Brot, das ich esse.
Für die Freude, die ich empfinde,
für die Liebe, die ich erfahre.
Ich bin reich.
Deine Güte ist es, von der ich lebe.
Laß mich an diesem Morgen dir danken,
dir, Vater, aus dem ich lebe.

Ich bitte dich um den Glauben,
der aus der Dankbarkeit kommt,
aus der Erfahrung deiner Treue.
Öffne mir die Augen für das,
was du getan hast und tust,
und das Herz, daß ich dir vertraue.

Ich danke dir, Herr, daß ich das Licht schaue,
das aus dir kommt.
Daß ich lebe aus dem Geist,
der von dir ist.
Ich vertraue dir.
Ich danke dir für deinen Tag.

Amen.

Andere beten für mich

Herr,

ich bin nicht allein,
auch wenn ich mich oft allein fühle.

Es gibt Menschen, die für mich beten.
Sie legen meine Sorgen in deine Hände,
und du hörst sie an.
Ich danke dir für diese Menschen.

Sie beten auch dann für mich,
wenn ich keine Kraft habe zu beten.
Herr, erhöre ihre Bitten.

Amen.

Glaubensbekenntnis aus Guatemala, 1981

Gott, unser Vater,

wir glauben an Jesus von Nazareth
und hoffen auf ihn,
den auferstandenen Menschen,
den wahren, den freien Menschen,
den Verkünder der Freiheit,
den Befreier vom Bösen und vom Tod.

Er hat uns gesagt:
Wer sein Leben retten will,
der wird es verlieren;
wer sein Leben verlieren kann,
der wird es bekommen.

Er hat uns gesagt,
daß wir uns nicht fürchten sollen vor denen,
die nur den Leib töten können;
daß wir viel mehr wert sind
als die Vögel unter dem Himmel.

In seinem Namen und in seiner Kraft
reden wir frei.
Durch ihn haben wir
einen neuen Grund zu leben.

Amen.

Dein Wille geschehe!

Der schwedische Politiker und Diplomat Dag Hammarskjöld war von 1953 bis 1961 Generalsekretär der Vereinten Nationen. Auf einer Friedensmission in Afrika kam er bei einem Flugzeugabsturz ums Leben. Sein Tagebuch zeigt, daß sein politisches Engagement in einem tiefen persönlichen Glauben wurzelte.

Gott,

geheiligt werde dein Name,
nicht der meine!
Dein Reich komme,
nicht das meine!
Dein Wille geschehe,
nicht der meine!

Gib uns Frieden mit dir,
Frieden mit den Menschen,
Frieden mit uns selbst
und befreie uns von Angst.

Amen.

Zum Ausklang

Am Ende des Schultages

Herr,

gehe mit mir,
wenn ich die Schule verlasse.

Geleite mich
auf dem Weg nach Hause
und bleibe bei mir
auf allen meinen Wegen.

Amen.

Am Ende der Schulzeit

Herr, unser Gott,

die Zeit der Schule liegt nun hinter uns.
Wir danken dir dafür, daß du bei uns warst.
Behüte unser Leben auch in den Jahren, die vor uns liegen:
daß wir den Glauben an dich nicht verlieren,
daß wir nicht ohne Freunde sind,
daß wir einen Beruf finden, der uns erfüllt,
daß wir uns mit unseren Eltern gut verstehen,
auch wenn wir selbst erwachsen sind,
daß wir gute Partner für unser Leben finden,
daß wir anderen etwas zu geben haben.
Um das alles bitten wir dich, Herr!

Wir bitten dich auch
für junge Menschen in vielen Ländern unserer Erde,
die es schwer haben:
Sie dürfen nicht sagen, was sie denken.
Sie dürfen ihren Glauben nicht offen bekennen.
Sie leben in Armut
und können ihre Begabungen nicht entwickeln.
Sie sind bedroht von Krieg und von Verzweiflung,
von Krankheit und von Hunger.

Wir können für die meisten dieser Menschen fast nichts tun.
Es bedrückt uns, wenn wir an sie denken.
Herr, laß es nicht zu, daß wir uns damit abfinden!
Bewahre uns vor Resignation und Gleichgültigkeit.

Hilf uns,
daß wir verantwortlich handeln,
daß wir dankbar sind für alles Gute,
daß wir offen sind für alle Aufgaben, die uns das Leben stellt.

Amen.

Ein alter Reisesegen

Der Herr sei vor dir,
um dir den rechten Weg zu zeigen.

Der Herr sei neben dir,
um dich in die Arme zu schließen
und dich zu schützen.

Der Herr sei hinter dir,
um dich zu bewahren
vor der Heimtücke böser Menschen.

Der Herr sei unter dir,
um dich aufzufangen,
wenn du fällst,
und dich aus der Schlinge zu ziehen.

Der Herr sei in dir,
um dich zu trösten,
wenn du traurig bist.

Der Herr sei um dich herum,
um dich zu verteidigen,
wenn andere über dich herfallen.

Der Herr sei über dir,
um dich zu segnen.

So segne dich der gütige Gott.

Amen.

Ehre sei dem Vater

Ehre sei dem Vater
und dem Sohn
und dem Heiligen Geist,
wie im Anfang,
so auch jetzt und alle Zeit
und in Ewigkeit.

Amen.

Stichwortverzeichnis

Advent 69, 70, 71, 72
Alte Menschen 104
Angst 43, 60, 83, 108, 114, 115, 143, 178
Arbeit 14, 23, 50, 57, 66
Aufrichtigkeit 47, *155**
Auskommen mit Menschen etc. 32

Barmherzigkeit Gottes 114, 118, 121
Begabungen 12, 67
Beistand Gottes 130
Beruf 95
Beten 30, 48, 180

Danken 24, 31, 33, 35, 48, 148, 179

Einheit der Christen 144
Einsamkeit 42, 99
Eltern 21, 48, 103
Ende der Schulzeit 185
Entscheiden / Umkehren *152*
Erfolg in der Schule 40
Erneuerung der Kirche 174
Erntedank 67

Fairneß 38
Fasching 79
Fastenzeit / Passionszeit 80, 81
Ferien 76, 87, 88
Forschung 52, 113, 140
Freiheit 50, 60, *155, 164*
Freizeit 27, 57
Freude 49, 61, 79, 82, 145
Freude an / durch Gott 118, 149
Freunde 41, 48
Frieden 72, 141, 182

Geborgenheit 114, 115, 117, 142
Geburtstag 102
Geduld 14, *152*

Gemeinschaft 17, 20, 64, 144, 150, *166*
Gemeinschaft der Religionen 144, *163*
Gewalt, Gewaltlosigkeit *157, 160*
Glaube *166, 167,* 181
Glaubensbekenntnis 124, 181
Gleichgültigkeit 58
Glück, glücklich sein 122, *172*
Gott begegnen 59, *170, 171*
Gotteserfahrung *170, 171*

Hände 54
Heiliger Geist 83, 84, 126, 133, 175
Herrlichkeit Gottes 112, 113
Hilfe Gottes 18, 25, 44, 114, 116, 120, 143
Hilfe geben für Menschen in Not 37, 41, 53, 54
Hilfe gegenseitig 37, 38, 41
Hoffnung 116, *166*
Humor 139

Ich *153*

Jesus Christus 146, 181
Jugendliche in Not 33

Klasse / Klassengemeinschaft 34, 36, 37
Konflikt 20, 90, 91
Krankheit 22, 105
Kreuz 22, 81
Krieg 101, 108, 150

Lehrer 20, 34, 64
Leid 22, 80, 81, *160*
Lernen 36, 55
Liebe / Partnerschaft 98
Liebe weitergeben 38, 141
Lob Gottes 118, 119, 121, 125, 136, 149
Luthers Morgensegen 128

* Kursiv gedruckte Seitenzahlen verweisen auf das Kapitel „Gedanken für den Tag" (S. 152-172).

Stichwortverzeichnis

Maria 121, 127
Mensch 112, 113, 117
Mitmenschlichkeit *165, 166*
Morgen / Morgengebet 35, 132, 145

Nächstenliebe *159, 171*
Natur 136, 145, 148
Naturgesetze 140
Neid 36, 37
Neujahr 77, 142
Not 24
Notenkonferenz 86

Ostern 82

Passionszeit / Fastenzeit 80, 81
Politik / politische Verantwortung 109
Prüfung 93, 94
Psalmen 112-120

Religionen / Gemeinschaft
   der Religionen *163*
Rücksicht 38, 51

Schönheit der Erde 31, 78, 148
Schöpfer / Schöpfung 52, 67, 113,
   138, 140, 147
Schülermitverantwortung 90
Schulaufgabe 92
Schuld 91
Schule 39, 55, 56, 57
Schulfächer 52, 56
Schuljahresbeginn 64, 65
Schuljahresende 85, 86, 88
Schutz (Gottes) 43, 114, 115, 116, 120
Segen 13, 186
Sinn des Lebens *160, 162, 169, 172*
Sinnsuche 43, *152*
Sonne / Sonnenaufgang 119, 136
Sonntag 16, 27

Sorge / Sorgen 15, 42, 139
Streit 37, *157*

Tiere 31, 48, 51, 96
Tod 68, 106, 137
Träume 43, *165, 166, 168*
Transzendenz *167*
Trost durch Gott 114, 115, 116, 117, 142

Umwelt 26, 51
Unglück 107
Unsicherheit 43, 44
Unwahrhaftigkeit 47
Unzufriedenheit 45, 101

Vater unser 9
Verantwortung 90, 110, 113, 150,
   158, 159, 162
Vergänglichkeit 117
Vergebung durch Gott 118
Versöhnung 176
Verständnis füreinander 36, 41
Vertrauen 23, 42, 77, 116, 129, 131,
   168, 178
Völkergemeinschaft 146, 150

Wahrheit 47, *155, 156*
Weihnachten 73, 74, 75, 76
Widerstand leisten 58
Winter 78
Wissenschaften 52, 113
Wochenbeginn 12, 18, 23, 66
Wochenende 16, 27
Wünsche 40, 45

Zeit 19, 27, 77, 99, 117, 145
Zukunft 142, *159, 161, 165, 166*
Zweifel 100
Zwiespalt in uns 153

Quellenverzeichnis

Autoren und Verlag danken den Rechtsinhabern für ihre freundlichen Abdrucksgenehmigungen. Bei einzelnen Texten wären wir für genauere Quellenhinweise dankbar.

8/16/18/22/30/34/36/41/42/43/48/54/57/73/87/91/92/99/100/103/109/180: aus „Schüler beten. Anregungen zum täglichen Schulgebet", hrsg. v. Schulreferat des Bischöfl. Ordinariats Augsburg 1989
12/13/15: nach „Miteinander beten", hrsg. v. Kath. Schulkommissariat in Bayern, München 1/88;
14/84/184: aus a.a.a.O. 2/88;
44/53/174: aus a.a.O. 1/89
17: T./M.: mündlich überliefert
24/33/39/40/47/49/52/58/61/64/74/76/81/82/83/88/93/116/143/146/182/185: aus „Wünschen und hoffen. Gebete für Schüler", hrsg. v. d. gymnasialpädagogischen Materialstelle der Evangelisch-Lutherischen Kirche in Bayern
32/38: nach „Gottesdienste mit Kindern und Jugendlichen", Bergmoser + Höller Verlag, Aachen 1982
35: T. nach Georg Niege um 1586/M. vor 1598, Eisleben 1598
45/50/56/66/86/90/106: aus Knut Wenzel Backe, Morgens um 8. Gebete für Schule und Freizeit, Agentur des Rauhen Hauses, Hamburg
46/78/102: aus Paul Weismantel, Anfangen mit dir. Neue Gebete für Schule und Unterricht, Jg.stufe 5-13, Verlag Ludwig Auer, Donauwörth 1989
59: aus Josef Osterwalder, Kleine Gebetsschule, Topos TB Bd. 154, Matthias-Grünewald-Verlag, Mainz 1986
60: aus Werner Schaube, Junge Leute beten. Don Bosco Verlag, München 1979 (vergriffen)
69: T.: Georg Weißel vor 1623 (nach Ps 24,7-10; Sach 9,9; Mt 21,5.8)/ M.: Halle 1704
75: T.: Johannes Falk 1816 (2./3. Str. Zudichtung)/M.: Tübingen 1807 nach Sizilianischem Schifferlied
77: aus Jochen Klepper, Ziel der Zeit. Die Gesammelten Gedichte, Eckart Verlag, Witten u. Berlin 1962
97: T.: Joachim Neander 1680/M.: Stralsund 1665/Halle 1741
119: T. nach Ps. 113,3/M.: Paul Ernst Ruppel, aus Paul Ernst Ruppel, Kleine Fische, © Möseler Verlag, Wolfenbüttel
122: aus Jörg Zink, Womit wir leben können (Text v. 9. Januar), Kreuz-Verlag, Stuttgart
125: T. (Auszug): Ignaz Franz 1771 nach dem „Te Deum"
126: T.: Veni Creator Spiritus, Übertragung: Heinrich Bone 1847
133/165/172: aus „Meßbuch", © Verlag Butzon & Bercker, Kevelaer 1980
141: Frankreich 1913 (irrtümlich Franz v. Assisi zugeschrieben)
142: aus Dietrich Bonhoeffer, Widerstand und Ergebung. Briefe und Aufzeichnungen während der Haft, Christian Kaiser Verlag, München 1951

Quellenverzeichnis

144: aus Karl Rahner, Gebete des Lebens, Verlag Herder, Freiburg 1984
145: aus Gebetssammlung des Päpstlichen Missionswerks der Kinder in Deutschland, hrsg. v. d. Hauptabtlg. Schule und Erziehung im bischöfl. Generalvikariat Münster 1985 (Faltblatt)
147: aus Jörg Zink, Kostbare Erde, Kreuz-Verlag, Stuttgart 1981
148: aus „Leben in Fülle. Gebete aus den Jungen Kirchen", missio aktuell Verlag, Aachen 1981
149: T. nach Psalm 67,4-6/M.: mündlich überliefert
152 u./156 (nach H. Berthold)/167 o. (nach Jörgensen)/ 170: aus Willi Hoffsümmer (Hrsg.), Kurzgeschichten 1. 255 Kurzgeschichten für Gottesdienst, Schule und Gruppe, Matthias-Grünewald-Verlag, Mainz 1981
153: aus Petrus Ceelen, Fünf Minuten Stille, Patmos-Verlag, Düsseldorf 1987
154/155 u.: aus Anthony de Mello, Warum der Vogel singt, Verlag Herder, Freiburg 1984
155 o./161 o.: aus Anthony de Mello, Eine Minute Weisheit, übersetzt v. Ursula Schottelius, Verlag Herder, Freiburg 1987
157 u./160 o./164 (T.: Learned Hand)/167 u.: aus Wilhelm Sandfuchs, Minute der Besinnung. Worte in den Tag III, Echter-Verlag, Würzburg 1969
158: aus Antoine de Saint-Exupéry, Der kleine Prinz, Karl Rauch Verlag, Düsseldorf 1953
159: nach „Du Gott meines Lebens", hrsg. v. Kath. Schulkommissariat in Bayern, München 1/89;
168/186: aus a.a.O. 1/88
161 o./162: aus Martin Buber, Die Erzählungen der Chassidim, Manesse-Verlag, Zürich 1949
166: Übers. nach dem engl. Original in Leon Friedman (Hrsg.), The Civil Rights Reader, New York 1967
171: aus Rudolf Sättler, Guten Morgen, Brendow-Verlag, Moers 1987, nach Leo Tolstoi
176: © Ateliers et Presses de Taizé, F-71250 Taizé Communauté
177: T. nach Matth. 18,20/M.: Jesus-Bruderschaft Gnadenthal, aus: Mosaik Sammelband, © Präsenz-Verlag der Jesus-Bruderschaft Gnadenthal, Hünfelden
178: aus Jörg Zink, Wie wir beten können, Kreuz-Verlag, Stuttgart 1970
181: aus Paul G. Schoenborn, Kirche der Armen, Verlag Peter Hammer, Wuppertal 1981

Inhalt

Einladung zum Atem holen 5

Laß uns wagen zu beten 7
Die Wochentage entlang 11
Im Alltag der Schule 29
Im Lauf des Schuljahres 63
Besondere Anlässe 89
Beten mit der Bibel 111
Aus der Tradition der christlichen Kirchen 123
Beten mit Christen verschiedener Zeiten –
mit Christen aus aller Welt................................ 135
Gedanken für den Tag 151
Für Gebetskreise in der Schule 173
Zum Ausklang 183

Stichwortverzeichnis 188
Quellenverzeichnis 190